いい老い加減

石川恭三

河出書房新社

いい老い加減 ＊ 目次

第一章　自立心を忘れない人は老い方上手

第三章　礼儀正しさは、高齢者の正装

第四章　老いの道を「同行大勢」で歩む

本扉・章扉イラスト――関根恵子

いい老い加減

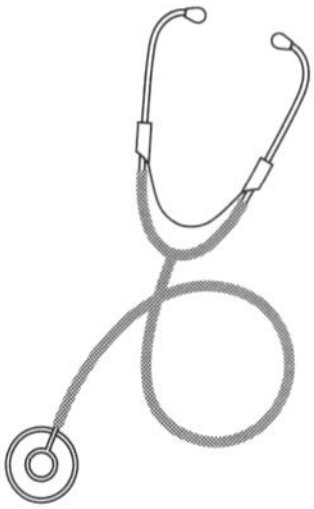

第一章

自立心を忘れない人は老い方上手

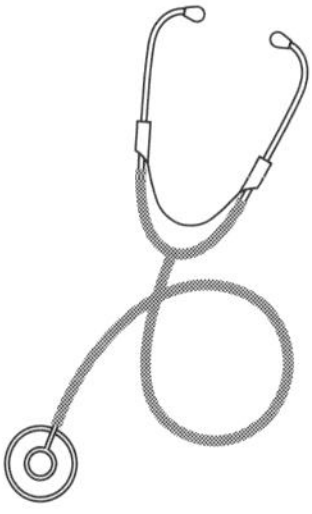

いい老い加減

内心はどうあろうとも、とにかく明るく振舞う

まずは、人に頼らず自分でやってみる。
自立心を忘れない人は、老い方上手なのである。

傘寿を越した老齢の身でありながら、高齢であるという認識が欠落するときが少なからずある。そうはいっても、膝や腰の痛みも、また、最近ではアキレス腱の痛みも、ときどきだが多少あるにはある。

だが、それも自分の年を考えれば、このくらいは当たり前なのだろうと、一応は年齢を頭に浮かべるのだが、それでも高齢者であるという自覚はきわめて希薄なのである。これには認知機能の低下による部分も幾分かはあるのだろうが、それより生来の能天気によるところが少なくないのだろうと思う。

明るく働いている高齢者を見ると、いい老い加減の人だと思う。その人たちからは、仕事をすることで現実の世界と真っ向から取り組んでいるという活き活きとした意気込みが伝わってくる。もう、これまで十分働いてきたのだし、年金もあるし、それに多少の蓄えもあるので、これからは自分の好きなことをして悠々自適の余生を過ごしたい、という人も少なくないだろう。

だが、このような思いでスタートさせた老後の生活に、必ずしも満足していない人が少なからずいることも確かである。生産的なことを何もしていないという空虚さが、落ち着かない気持ちにさせているのかもしれない。

私についていえば、遊んで暮せるほどの身でもないし、働くことが大好きだというわけでもないが、ささやかでも働いているという自覚を持つことが前向きに生きようとする姿勢を支えてくれているのだと思う。オーバーな言い方だが、働いていないと生気が体の隅々にまでゆき渡らないようにさえ感じられるのである。

たいそうなことを言うほど働いているわけではないのだが、それでも週に二日、午後だけ携わっている病院での外来診療を通して、医師としてのこれまでの経験から得た知見を患者さんのために活用しているという自負が私を幸せにしてくれている。

自分でやらなくてはならないことは自分でやり、自分にできないことは原則として、人に頼らずに諦める。これもいい老い加減であるための必要条件の一つと心得ている。

だが、どうしてもそれをやりたいときには、人に頼ることになるのだが、そのときは感謝の気持ちを込めて対応する。場合によってはそれ相応の代価を払うこともある。

何かやっていて上手くいかないと、つい年のせいにして、近くにいる人に頼ってしまうことがあるが、実は年のせいばかりではなく、しばらくしていなかったので上手くできないだけということに気づくことがある。今までのように早く、スムーズにできなくても、じっくり腰をすえてやれば何とかなることはいくらもある。まずは、人に頼らず自分でやってみることである。自立心を堅持している高齢者は老いかた上手の人なのである。

物事をポジティブに考えている高齢者は間違いなくいい老い加減の人である。

「夫が定年退職して毎日家にいるようになったので、自由になる時間が少なくなって、ときにはうっとうしく思うことがあるんですが、それでも家のことをよく手伝ってくれるようになりましたので、体が楽になって助かっています」

と、嫌なこともあるが、いいこともあって助かっているとポジティブに受け止めて

いる妻の顔は明るい。一方、

「家事を手伝ってくれるので助かってはいますが、毎日家にいられるのがうっとうしくて、嫌でたまりません」

と嫌なことに偏重している妻の顔は曇っている。私たちの生活の中には、いいことも嫌なこともあるのが普通である。どうせなら、いいことに軸足をおいて考えたほうがいい気分でいられる。このような前向きの生活を続けることでいい老い加減を手にしやすくなる。

たいていの高齢者は程度の差こそあれ、体のあちこちに何らかの不具合はあるし、気力も体力も衰え、まわりを見わたしても、心が躍るようなことなど滅多になく、気うつになることばかり、というのがごく普通の現実である。

学生の頃、精神神経科の講義で聞いた、「年寄りを診たらうつ病と思え」ということがときどき頭に浮かんできて、その都度、我が身も含めて、なるほど、と納得するのである。高齢者の本質は「陰」なのだと思う。それに何も手を加えずそのままの状態で放置しておくと、高齢者は暗い存在のまま終始することになる。そうなると、若い人からはもちろんのこと、同年輩の人からも敬遠されるようになるのは必定である。

陰気な人のそばにいると、こちらまでも気分が落ち込んでくるので、できるだけそのような人から離れていたいと思ってしまう。そんなふうに周囲から敬遠されないためには、内心はどうあろうとも、とにかく明るく振舞うことである。

明るく振舞っていれば、類が友を呼んで、明るい人が集まってきて、さらに明るい雰囲気の中に身を置くことができる。無理して明るく振舞っていたのが本物の明るさのように輝いてくるから不思議である。明るく振舞っている高齢者はいい老い加減の人ばかりである。

エイジング・パラドックス

高齢者が幸福感を維持するための三つの方策

現状が、今の自分には合っていると再認識する。
自ら作り上げた桃源郷で自由気ままな生活を。

高齢になるにつれて何となく精彩を欠き、ややもするとうつ状態に近い雰囲気を醸《かも》し出すことにもなる。それも当然といえば当然なことで、老い先がそれほど長くはないし、わくわくするような出来事などめったにないし、体力も気力も低下しているし、そのうえ、体のあちこちに不具合が出てきたりすれば、上機嫌でいられるはずはない。

うんと若いころ、高齢者はどんな気持ちで毎日を過ごしているのだろうかと、憐れむような気持ちを滲ませながら見ていたことがしばしばあった。そして、どうにも不可解に思えてならなかったのは、私の母がまさにそうであったのだが、何かにつけて大声を出して笑い、いつも陽気で幸福感に満ち溢れているような高齢者が私の周囲には少なくなかったことである。

このように、加齢に伴ってネガティブな状況が増えているにもかかわらず、高齢者の幸福感が低くはないというエイジング・パラドックスに関心が集まっている。

自分の思い通りに物事が進んでいれば、高齢の身であっても、それが一時的であるにせよ明るい気分でいられるだろう。だが、残念ながら高齢になるにつれて、身体的、社会的、物質的な自分の持ち物、いわば身についている資源が少しずつ失われていくので、最盛期の状態を維持することが難しくなる。

そして、それに対して心理的に適切に対処しないでいると、幸福感が薄れてくる。そのようなとき、どのようにすれば相応の幸福感を保持できるのだろうか。それには、三つの方策があると考えられている。


第一の方策としては、ネクストベストの状況を設定して、それに向かって、まだ失われずに残っている資源をフルに活用し、近親者、友人、知人などの資源を利用することもいとわずに、できるだけ元の状況に近づくことで幸福感を維持することである。定年退職した人の多くは、まず、この方策で退職による経済的な損失や心理的ダメージを軽減して、できるだけ元の状況に近づくために再就職や転職の手段をとることになるだろう。

私の場合、定年退職と同時に教授としての教育・研究・診療の仕事を一気に失った喪失感は、こうなることが必定のこととして、それなりの覚悟はしていたつもりではあったが、想像以上に大きかった。それでも定年後の身支度は還暦のころから五年がかりで、少しずつ心がけていたので、それなりに対応することができていた。

教育と研究を継続することは諦めることにしたが、診療は医者としての矜持を保ちたいと思っていたので、細々ながらでも続けたいと思っていた。大きな組織を統率しなくてはならない病院長や医療施設の理事などの要職への打診がいくつかあったが、すべて辞退した。

それは、そのような要職に就けば、大きな責任を背負うことになり、これに対応するためには、今まで以上に時間と労力が必要になるだろうし、何より、私にはそれを取り仕切るだけの才能も意欲もないことを自覚していたからである。それより、一介のフリーの臨床医として、直に患者さんと向き合って診療したいという長年の願いを実現したいと考えて、パートタイマーとしての再就職の道を選ぶことにしたのである。

大学への片道二時間の通勤を二十六年間続けていたので、退職後はできるだけ近くの病院で、週に二日、できれば午後だけの専門外来としての診療にしたいと願っていた。運のいいことには、自宅から一時間とかからないところの総合病院で願ったとおりの条件で、パート医として勤務できることになった。

そんな好条件で働いているせいか、友人たちからは、大学に勤務していたころより、ずっと活き活きしているじゃないかとよく言われるし、私自身もそう思っているので、多分、私もエイジング・パラドックスなのかもしれないと、恥じらいながらもそう感じている。

高齢になっても幸福感を持ち続けられる第二の方策としては、高齢になることで失ったものが大きくて、以前のような状態になることが難しい場合に、そこまでの復帰は諦めて、むしろ現状のほうが今の自分にとってはいいことだと認識したり、同じ立場の他の人と比べて、自分のほうがまだましだと考えて、幸福感を維持しようとすることである。

会社を定年退職した後、再就職したいと願っているのに、なかなか自分に合った仕事にめぐり合えないで悩んでいる人は少なくないと思う。そのような状況下にいれば、常に何とか現況を打破しなくてはならないという焦燥感が働いて、憂うつな気分になってもやむをえない。

ところがそのような境遇にある人の中にも（実は私の患者さんにも何人かいるのだが）、考えられないほど明るい人がいる。その人たちの一人から話を聞いてみると、こんな返事が返ってきた。

「今さら気に入らない仕事はしたくはありませんので、年金を上手く使って、気楽に暮していたほうがいいと思っているんです。親から引き継いだ家に住んでいるんで、マンションのローンの支払いのためにあくせく働いている人と比べれば、それがないだけでも幸せだと感謝しています。まあ、いつか自分に合った仕事が舞い込んでくるかもしれませんし、それまでは『果報は寝て待て』でいこうと思っているんです。それに、今の自由気ままな生活が結構、気に入ってるんです」

幸福感を維持するための第三の方策は、自分は今、幸せであると自分で自分を洗脳することである。後期高齢者ともなると、折に触れて死を意識するようになる。死の恐怖から逃れるためには、現実のネガティブな面には蓋をして、ポジティブな面だけに注目して、明るく振舞うようにする。こうして、自ら作り上げた不老不死の桃源郷のような状況下に身をゆだねて、幸せな時間を過ごすことにするのである。

今という時間を暗い気持ちで過ごすより、明るく陽気な気分で過ごすほうがいいに決まっている。人から何と言われようとも、自分の好みに合った方策を駆使して、エイジング・パラドックスの境地に身を置いたほうが面白いのではないかと、私は患者さんに勧めることにしている。

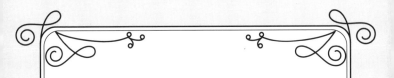

やる気にスイッチ・オン！

「一読・十笑・百吸・千字・万歩」を一日のスタートに

新しいことにチャレンジし、人生の景色を変える。
毎日を笑顔で過ごすための、老化防止の処方箋。

昨日今日始まったことではないし、始終というわけでもないのだが、ときどき、どうにもやる気が出てこないということがある。若いころ、仕事で疲れきったときに、やらなくてはならないことが山積しているのに、やる気が出てこないで苦しんだことがよくあった。

だが、今は疲れが出るほどの仕事をしているわけではないし、多少の疲れがあってもそれは仕事によるものではなく、週に二、三回通っているスポーツジムでの運動によるもので、それが原因でやる気が出てこないほどの疲れにはなっていない。

それではこのやる気が出てこないのはどうしてなのだろうかと頭をひねるとき、まさかと思いながらもいつも脳裏に浮かんでくるのが、うつ病ではないだろうかという懸念である。

そして、やる気が起きない、という症状以外のうつ病の代表的な精神症状である、憂うつになる、いらいらする、判断力・思考力・集中力・記憶力が低下する、自分は無価値だと思う、身振り・話し方がゆっくりになる、などが今の自分に見られるかどうかをチェックしてみる。

判断力・思考力・集中力・記憶力の低下は確かに認められるが、これはとうの昔から感じていることであり、最近とくに際立ってきたということでもないし、他の症状も明らかではないことから、今の段階ではうつ病ではないだろうと勝手にいいように自己診断している。

「やる気が出ない」という意欲障害は、認知症や脳血管障害、脳外傷などの脳の障害では、高い頻度で認められるが、脳が広範囲に障害を受けたときに起こること以外わかっていなかった。慶應義塾大学を中心にした研究グループはマウスを用いた実験で、意欲障害の原因となる脳内の部位を特定することに成功した。

今後は、意欲障害のモデル動物を用いて、これまで治療法がまったくわかっていなかった脳損傷後の意欲障害における治療法の確立や、改善する薬剤の開発へと進展されることが期待されている。

いつ本格的な「やる気にスイッチ・オン」するかで人生の景色が大きく変ってくる。幼少期にちょっとしたことがきっかけになり、やる気がスイッチ・オンされて、考えられないほどの集中力で稽古をし、音楽、芸術、スポーツ、囲碁・将棋などの分野で天分を発揮する。思春期にスイッチ・オンして、猛烈に勉強し、有名大学の難関を突破して、人生路線の特急出世列車のグリーン・チケットを手にする。中年のある時期に、降って湧いたような出来事に触発されて、俄然やる気が出てきて、一気に運気を引き寄せて大成功する。また、高齢になって、このままでは面白くないと一念発起してやる気を起こし、新しいことにチャレンジして、それまで薄暗かった生活をぱっと明るくする。など、やる気にスイッチ・オンした人の華やいだ景色を見ることがある。

やる気にスイッチ・オンする薬はいつか手に入るようになるかもしれないが、まだずっと先の話だろうから、当分の間は自力でやる気を喚起するしかないだろう。

若いころはやりたい仕事が目白押しに出てきて、それを次々に完遂することで得られる満足感を特大に想像してやる気に火をつけていた。しかもやる気に脂が乗り切っていて燃えやすかった。そのころは体力が充実していたので、やる気に火がつくと、今では考えられないような絶大なエネルギーが噴出して、面白いように仕事を完成させていた。目標に到達した満足感や他者からの称賛が次の仕事に向かうやる気を確実にスイッチ・オンしていた。

高齢になってからは、できればやってみようかというくらいの仕事はいくつかあるが、何としてでもやり遂げたいという仕事が見当たらない。そうなると仕事につながるやる気を手繰《たぐ》り寄せるのが難しくなる。

高齢者の最も大きな関心事は、自分の体についてであろう。中でも、とくに関心が高いのは、認知症にならないようにしたい、人の助けを借りずに自力で日常生活ができる体力・筋力をできるだけ長く保持したい、ということではなかろうか。そのためにどうしたらいいかについて、世間でいろいろと言われていることをやってはみるのだが、すぐにやる気がなくなってやめてしまう。

そんなことにならないための一つの方法として、一日にこれだけは忘れずに実行してほしいことを、「一読・十笑・百吸・千字・万歩」の五つにまとめてみた。簡単に説明をしておきたい。

「一読」は、一日に一回はまとまった文章を読もう、「十笑」は、一日に十回くらいは笑おう、「百吸」は一日に百回くらい（一度に十回くらい）深呼吸をしよう、「千字」は一日に千字くらいは文字を書こう、そして、「万歩」は一日に一万歩を目指して歩こう、ということである。

やる気を引き出すには、何もしないでじっとしているのではなく、まず、何かを始めることである。そのためにも、「一読・十笑・百吸・千字・万歩」をなしとげることを目標にして一日の生活をスタートしてほしい。

オシャレ礼賛

日常に「よそ行き」の服をさりげなく着る

「今さらを今からにしてオシャレする」と心得る。
不思議と気分が高揚し、物事がスムーズに進行する。

「あらたまったところへ出かけるわけでもなし、家の中でごろごろしているか、出かけるにしても、そこら辺へちょっと出るだけなんだし、今さらオシャレしたってしょうがないじゃないか」と思っている人もいるかもしれない。だが、無人島でただ一人で生活しているわけではなく、家の中には家族もいるだろうし、一歩外に出れば近所の人たちと顔を合わせることにもなる。どんな格好をしていようと、他の人がどう思うと気にしない、というわけにもいかないだろう。

自分さえよければそれでいいという自己満足ではなく、他の人がそれで満足するだろうかという他者満足を心にすえて、自己目線から他者目線で物事を見ることが当然のことながら私たち高齢者にも求められている。

この年になって今さらオシャレをしたってしょうがない、などと思わないことである。「今さらを今からにしてタバコやめ」という禁煙の有名な標語にならい、「今さらを今からにしてオシャレする」と心得て、高齢者はもっとオシャレをしてはどうだろうか。

高齢者は概して衣装持ちである。仕事のための外出用に着ていた洋服の他に、特別なときに着る「よそ行き」の服が何着か大事に箪笥にしまい込まれているはずである。また、いつか着ようとちょっと値の張るものを買って、普段着にはもったいないからと、着ないでそのままになっているものもいくつかあるかもしれない。

私は、この先オシャレをして出かけることももうそんなにあるはずはないと見込んで、それほどオシャレをして出かけなくてもいいと思うところにも、さりげなく着て行くことにしている。家にいるときでも、もったいないという気持ちに封印して、どしどし身に着けている。オシャレをすると、不思議と気分が高揚してきて、物事がスムーズに進行するような気になってくる。

古い話になるが、医者になりたてのころ、粋がって自分好みの白衣をオーダーで作ったことがある。それは、当時、テレビの人気番組だった「ベン・ケーシー」や「ドクター・キルディア」の中に出てくる医者の白衣が実に格好よく見えて、あのような白衣を着たいと思ったからである。これは私の記憶の中ではオシャレ第一号だった。

そのころの白衣は両側のポケットの切れ込みが縦になっていたが、彼らの着ていた白衣では水平の切れ込みになっていて聴診器や手帳が入れやすくなっていた。しかも白衣の丈が短めで、がっちりとした厚い素材で作られているように見えた。

神田の白衣専門店でこれと同じようなデザインでオーダーした白衣はなかなかの出来栄えだった。右のポケットにはリットマンの聴診器、左のポケットにはアメリカのレジデントが使う診療の手引き、胸のポケットにはドイツ製の小型の眼底鏡とクロスのボールペン、と格好だけは一丁前の医者らしく整った。だが、大学病院でのフレッシュマンの生活は、白衣がどうのこうのと言っていられるような生易しいものではなく、今なら過労死の恐れがあるとして問題視されるような目茶苦茶なものだった。かくして、私の白衣のオシャレは無残な結果に終わってしまった。

若い人が多少、だらしのない格好をしていても、それなりにサマになっていることもあるし、若いからそれでいいとするか、と寛容に受けとめられるが、高齢者がそうしていると、どうしてそんな格好をしているのだろうかと、冷やかな詮索の目で見られてしまう。ただ単に身なりに無頓着なだけなのかもしれないと思いながらも、ひょっとすると多少、認知機能が低下しているのかもしれないなどと疑いの目を向けられることにもなる。

外出するとき、とくに人が普段着よりはあらたまった服装で来るようなところへ出かけるときには、ドレスコードが示されていなくても、それなりのオシャレをしたほうがいい。オシャレは、窓の外に鉢植えの花を飾って道行く人たちの目を愉しませるのと同じように、周囲の人たちへの気配りでもある。

オシャレの準備をするのも結構楽しいものである。まずスーツをＴＰＯに合うように何にしようかと考える。あまりにそれらしいものでも面白くないし、そうかといって、奇異な目で見られそうなものでも困るしと、いろいろと考える。テレビによく出ていたころは、前回、前々回あたりで着たことがあるものは避けることにしていたが、今はもうテレビからは遠ざかっているので、どのようなところへ行くにも、最近着たかどうかを考えずに決めている。

スーツが決まると、次がワイシャツとネクタイの選択になる。白いシャツならスーツに合うネクタイを選べばいいので割と簡単に決められるが、柄物やカラーのシャツにすると、ネクタイ選びが難しくなる。あれやこれやと組み合わせてみて、これでよしと決めるまでにはかなりの時間がかかる。

これが決まれば、あとはズボンに合わせて靴下と靴を選ぶだけなので簡単にすむ。こうしてオシャレの準備をしているときは、旅行の準備をしているときのように、わくわくした気持ちになる。このわくわくした気持ちが若返り（アンチエイジング）に効果がありそうに思えてきて、ちょっぴりいい気分になる。

外出するときも家にいるときも、思い切ってオシャレをしてみてほしい。オシャレをすれば、暦年齢より少なくとも十歳くらいは若くなったような気持ちになれるし、周囲の人たちはそれよりもっと若々しく感じてくれること請け合いである。

生活の中にバランス感覚を
「動と静」「忙と閑」を
時間の流れに組み込む

面白そうなことを模索して、無から有を産み出す。
単調になりがちな日々を躍動的に。

緩と急、動と静、忙と閑など、日常生活の中には正反対の要素を含んだ環境が用意されているので、それをバランスよく取り入れることで生活が鮮やかに色づいてくる。

早歩きとゆっくり歩きとを交互に数分間ずつ行うインターバル速歩が太ももの筋力や全身の持久力を高めるとして注目を集めている。ゆっくり歩きを三分間して、次は早歩きを三分間、これを五回行うことが勧められているので、実際にやってみると、私にはかなりハードに感じられた。そこで三回に減らしてみたら、これでもまだ少しきつかったが、なんとかやれそうに思えた。でも、三分間隔ではなく、一ブロックごとに、早歩きとゆっくり歩きをすることにした。

早歩きをしているとき、向こうに見えるわき道までだと思うと、それまでなら何とか続けられそうに思えてくる。早歩きだけならきつくて続かないが、このあとにゆっくり歩きが待っていると思うとほっとするのである。

プールでも平泳ぎをして疲れたら背泳ぎに切り替えたり、隣のレーンに移って水中ウォーキングをしたりしている。このように緩と急を取り入れることで、それほど疲れもせず飽きもせずに続けられている。


これは仕事にも通じている。仕事に熱中しているときには、休憩することなど頭に浮かんでこないものだが、ある時点を越すと、処理能力も効率も落ちてくるのは確かである。そうならない前に、いったん仕事から離れてリフレッシュすることで処理能力が回復し、仕事の効率がぐっと上がってくることを経験している人は多いと思う。

今の私は大した仕事をしているわけではないのに、一時間近く机に向かったら、たっぷりと休み、それからまたおもむろに仕事を続け、そして、また休むということを日に何度か繰り返している。

私は、月曜日と金曜日の午後は本職である医者に戻って病院で診療を担当している。月曜日に働くと、火曜日、水曜日、木曜日の三連休。そして、金曜日に働き、土曜日、日曜日の二連休となる。傘寿を越した今も週休二日の現役でばりばり診療している友人たちからは、それでも働いていると言えるのかと揶揄されているが、私にはこれくらいが丁度いい按配なのである。

私は小説でもエッセイでも一気呵成に読むということはしないで、少しずつ読むのが好きである。小説の場合には、長篇と短篇とを時間をおいて、たとえば、短篇は日中に、長篇は夜に読む、という具合にしている。また、クラシック音楽を聴く場合には、演奏時間の長い交響曲を聴いたら、次はピアノやヴァイオリンのソナタを聴くことが多い。長短や緩急を時間の流れの中に組み込むのが好みなのである。

若いころは忙中に閑を作ることでひと息もふた息もつくことができたが、高齢の身になってみると、それとは真逆で、閑中に何とか忙となれるイベントを作って、単調になりがちな毎日を少しでも躍動的にしたいと気を配っている。

かつては書き込めるスペースが広いB5判の月間予定表を用いてダブルブッキングにならないように配慮して予定を組んでいたが、今では卓上の小さな月毎のカレンダーに予定事項を小さく記入している。

今では飛び込んでくるイベントなどは滅多にないので、閑中忙を演出するために、自分で忙になるイベントを作り出さなくてはならない。これは無から有を産み出すようなもので、テレビ番組の制作プロデューサーのように、面白そうなことを模索して、それを形にする努力をしなくてはならないのだが、これが結構楽しいのである。

こうしてイベントがほどほどに埋まったカレンダーを眺めていると、それだけでほっと安らいだ気持ちになる。


毎日の生活には「動」と「静」がバランスよく配置されていることが望ましいのだが、高齢者の毎日はとかく「静」に傾きやすくなる。身体的にはとくに問題がないにもかかわらず、一日中家にいて、外に一歩も出ないで過ごしている日がそれほどめずらしくないという高齢者は少なくないのではなかろうか。

私はもともとが横着者なので、気がついてみると、朝、門の脇にある郵便受けまで新聞を取りに外に出ただけで、一度も庭に出ることもなく、一日中家の中に閉じこもっていた、ということがそれほど度々ではないが、月に何度かはある。

それでも、これではまずいという医者らしい意識が今のところまだ辛うじて存在しているので、前日のマイナス分を補うために運動量を増やすことにしている。

私は日々の生活の中で、何ごとにもバランスを保つことを基本的な行動基準にしようと心がけている。

ライバルはベスト・フレンド

よきライバルは、
活力を産み出すエネルギー

目標に到達できるかどうかは、努力半分、運半分。
和やかな交友関係で、爽やかに競い合う。

よきライバルがいることは、目的意識を高め、実力向上を目指して最善の努力をするモチベーションになる。子供のころからこの年になるまで、さまざまな場面でライバルにしていた人物がいつも何人もいて、活力を産み出す確かなエネルギーになっていた。

小学生のときから運動が苦手で、当時の少年が夢中になっていた野球にもまったく関心がなかった。こんな話をしても、私のことを先天性運動音痴と決めてかかっている身内の者たちは誰も信じてくれないのだが、そのころは走るのが速かったので、運動会でクラスのリレー選手の候補になったことがあったのである。

五年生のときは最終予選で五位となり、四人の選手の中には入れずに補欠だった。六年生のときは何としても選手に選ばれたいと、夏休みには懸命に走る練習をした。

四人の選手のうち三人とは明らかに実力に差があったが、四人目の選手とは体一つの差で負けたので、その一人をライバルにして、あともう少し速く、と頑張った。だが、結果は五年生のときと同じメンバーが選手になり、私はまた五位で補欠だった。

私が通っていた中学・高校一貫教育の男子校では、学年ごとに実力試験の成績で一番から三十番までの生徒の名前と点数が正面玄関近くの廊下の壁に貼り出された。三十番以内に入っている者にとっては、自分より上位の成績の者がライバルになったし、そこに名前がなかった者は次の試験では何とかして三十番以内に入ろうとライバル心を燃やした者もいただろうが、挫折感や屈辱感を味わった者も少なくなかったと思う。私は高校に進んでからは、上位をキープできていたが、中学生のときは何度も三十番から外れて敗北感を味わったことがあった。

大学では試験の成績はどうでもよく、ただ通ればいいと、私だけではなくほとんどの同級生がそう考えていたので、ことさらライバル心を起こして頑張ることがなかった。医者になってからは、同じ分野の研究者を意識的にライバルと見なして、士気を高めようとしたことはあったが、目の前で競い合うというのではないので、絵に描いたライバルに等しかった。

教授になって内科学教室を主宰する立場になってからは、他の大学の同じ分野の研究をしているグループにライバル心を抱いて、教室員を叱咤激励して研究に向かわせ、その成果を学会で発表し、論文に仕上げていた。これは教室員の士気を高めるのに効果的であった。


政界、経済界、スポーツ界、芸能界など、さまざまな分野でライバル同士が切磋琢磨して競い合っている。中でもスポーツ界では、他の分野でときどき見られる、ライバル同士の複雑怪奇な、ときにはドロドロした見苦しい競い合いと違い、ライバル同士の闘いで勝敗が一目瞭然に衆目にさらされるので、爽やかな気持ちで見ていられる。

ボクシング、柔道、剣道、レスリング、テニス、卓球、水泳などの多くの個人競技では、それぞれの競技者には当面のライバルがいるはずである。そのライバルに勝利するために懸命な努力をすることが、自分の持てる力を最大限に引き出すこととなる。ライバルがいてこそ予想以上の力を発揮できるということにもなる。

そこへいくと、サラリーマン社会の中でのライバル闘争はそうシンプルではない。一般に会社組織は、大きければ大きいほど、複雑怪奇な蜘蛛の巣のような人的ネットワークで成り立っている。仕事では絶対に負けていないと確信している相手が先へ先へと昇進していくのを、忸怩《じくじ》たる思いで見送った経験のある人は少なくないと思う。

これはどんな社会においてもそうなのだが、自分に対する評価は自分が思っている何分の一かであるのが普通であり、しかも、目指す目標に到達できるかどうかは、努力が半分、運が半分で決まるのである。

高齢の人たちの間にもさまざまなライバルが見られる。「あんたより一日でも長く生きることを目標にしているんだよ」といつも笑いながら言い合っている仲のいい高齢の二人がいる。こんなライバルがいれば、健康への関心度を競い合いながら、和《なご》やかな交友関係を続けられるに違いないと、いつも羨ましく思っている。

入院患者さんの中には、同じ病気で入院している人、たとえば、脳卒中による歩行障害でリハビリを受けている患者さん同士がライバル心を持って、相手の人より早く上手く歩けるようになって、一日でも早く退院したいと競い合っている、という場面がよくある。

このようにライバル心を持ってリハビリに励んでいる人には、それなりのはっきりした効果があるものである。

病院に通院している患者さんの間で治療効果を競い合っていることがある。

こんな患者さんたちがいた。糖尿病の治療で通っている患者さん二人が血液中のヘモグロビンA1c値（過去一～二ヶ月間の血液中の平均的な糖分を反映している数値）が前回の検査値と比べて、どのくらい減少しているかで勝負をつけて、負けたほうがその日の帰りに立ち寄ることにしているカフェで、相手のコーヒー代を持つことにしているとのことだった。

ヘモグロビンA1c値を下げるためには日々のダイエットと運動が欠かせないので、これを継続して行うためのモチベーションを高めるのに、このようにライバルと競い合うことは賢明な方法だと思う。

ライバルは敵ではなく、ベスト・フレンドなのである。

日常生活の中の順番

自分好みのやり方を、ときどきは変えてみる

どうでもいいように思われる「食べ順」「書き順」などにも、重要な意味がある。

何かをするときは大抵手順が決まっていて、それに従っていれば大きな間違いがないことを私たちは言わずもがなのうちに承知している。日常生活の中で、家にいる時間帯、とくに朝と夜は、何をどのような順番でするかの大よそが決まっているので、物事がスムーズに進行しているのではなかろうか。

私の場合はこんな具合である。朝起きて、居間で着替えをし、血圧を測定し、洗顔、口ゆすぎ（薬用洗口液を用いて）、髭剃りをしてから新聞を取りに行く。ごみ出しがあるときには出しに行く。そして、一人で朝食をとる（前日、家内が用意してくれたサラダと納豆と牛乳プラスきな粉）。

朝食後はいくつかのサプリメントを含む薬を飲み、歯磨きをすませ、コーヒーを淹れて、書斎へ行く。新聞を読みながら、ＮＨＫラジオ第２放送の基礎英語３と英会話を聴く。七時からNHK総合テレビのニュースを見たあと、NHKのBS放送で新旧二つの連続テレビ小説を見る。

それが終了してから、おもむろに机に向かって、書き物をする、というのがこのところの定番になっている。昼間は、病院で外来診療している日はもちろんのこと、家にいる日でも、さまざまな外部要因で時間の流れが影響を受けるので、行動順序がランダムに変化しやすくなっている。

夜は夕食後に薬を飲み、歯磨きをしてから、書斎で書き物をしたり、音楽を聴いたり、テレビを見たりして過ごす。そして、頃合をみて、血圧を測定したあと、入浴し、口をゆすぎ、就寝する。この順序はずうっと変っていない。

若いときは行動範囲が広いうえに活動エネルギーが漲《みなぎ》っているために、生活様式の順序が日々大幅に入れ替わることはごく当たり前だったが、高齢になるにつれて行動範囲は縮小し、行動エネルギーが沈静化して、生活様式の順序がマンネリ化してくる。

私たち日本人には順序を重んじる几帳面な国民性があるのだと思う。それを示す卑近な例は、何かといってはすぐに行列を作ることである。中には、何の行列かよくわからないがとにかく並んでみようと列に加わる人もいるようである。

評判のパン屋、ラーメン店、レストラン、菓子店前などの列、新しいゲームソフトやスマホなどが発売される販売店前の前日からの徹夜組を交えた列、人気イベントのチケットを手に入れるための列など、ちょっと考えられないような奇妙な行列のシーンがマスコミで面白おかしく報道されている。

最近では、会社での地位や給料の決定に個人の能力が加味されるようになってきているようだが、それでもいまだにその根底には年功序列の考え方が多分に残存しているのも確かであろう。

一方、順序を遵守する国民性が世界中から高く評価された場面があった。それは、阪神淡路大震災や東日本大震災の折に、食料品や飲料水などの生活必需品の供与を受ける際にも、割り込みすることなく、整然と列を作って順番を待っているあの姿である。これまで存在していた世界が目の前で崩壊し、この世の終わりを思わせるほどの混乱の最中に、これほど整然と順番を遵守して列を作れる国民は世界中どこを探してもまずはいないだろうと、国内、国外の多くのメディアが称賛したのである。

漢字には書き順がある。書き順などどうでもいいようなものだが、決められた順序に従って書くのと、そんなのおかまいなしに勝手に書くのとでは、書きあがった漢字の形が違ってくる。書き順に従ったほうが形が整っている。その順序に従ったほうがペン先がごく自然に流れるからだと思う。

書くのが苦手な字に「飛」がある。「飛」の文字が住所に入っている人がいて、手紙の宛名を書く前には何度も練習をする。その際、その字の書き順が思い出せずに、勝手に書いてみるのだがどうにも形にならない。そこで、インターネットで調べて、書き順どおりに書くと、それなりに形になるということがこれまでにたびたびあった。書き順は合理的なのである。

どんな順番に食事をとっても、お腹に入る中身は同じだから、食べる順番などどうでもいいように思うかもしれないが、どうやらそうではなさそうである。食べ順によっては、食後の短時間に血糖値が急上昇し、そして急下降する「血糖値スパイク」が起きる。この血糖値スパイク現象が長期間にわたって繰り返し起きると、高血圧、心筋梗塞、脳卒中、がん、そして認知症などが惹起されるリスクが高まることが明らかになってきた。

米飯・パン・麺類などの糖質の多い食べ物は消化管から吸収されるスピードが速く血糖値が上昇しやすいので、それをできるだけ遅くする食べ順が重要になる。そこで血糖値スパイクを抑える食べ順として推奨されているのが、野菜↓肉・魚↓主食（米飯・パン・麺類）の順番である。

私はこの血糖値スパイクが問題になる四十年以上も前から、肥満対策として、まず野菜でお腹をいっぱいにすることで次に控えている高カロリーの食べ物への食欲を抑える目的で、野菜↓肉・魚↓主食の順で食事をとってきた。

私たちの日常生活の中のさまざまな行動には、それぞれ自分の好みに合ったやり方の順番がある。それを変えることは面倒くさいことだが、日常生活のマンネリ化を防ぐために、この順番のままでいいのか、それとも、変えたほうがいいのか、ときどきは頭をひねってみる価値はありそうである。

合遊しよう！

独りではなく、皆で集まって遊ぶ

できるだけ多くの人と交わり、会話をする。
それが人格を熟成させ、
活気あふれる人生につながる。

診察の合間に患者さんに「ごうゆうしていますか？」と訊ねることがある。初めてこの質問をされたほとんどの患者さんは「豪遊していますか？」と訊かれたと思って、「豪遊なんてとんでもありません」などとにこやかに否定的な答えをする。そのような返事がくるのをあらかじめ予想しての質問なので、実はと言って「ごうゆう」は「豪遊」ではなく、私が作った「合遊」という造語であることを述べ、話を続けることにしている。

「合遊」は、合コン（合同コンパニーの略で、若い人が会費を出し合って、飲食したりして親睦を深める会合）からヒントを得て考えたもので、独りで遊ぶのではなく、皆で集まって遊ぶという意味を込めたものである。

近ごろでは、子供が友だちと一緒に遊ぶことより、独りで携帯型ゲーム機で遊ぶことが多いので問題になっているが、高齢者も一日の大半を誰とも話さずに、テレビを友にして独りで過ごしている人が少なくない。

テレビは従来のデジタル放送に無料・有料のBS放送が加わり、実に多彩な番組が見られるようになった。とくに、有料のBS放送では、それほどの高額な料金を払わずに、映画、ドラマ、スポーツ、音楽、ステージ、ドキュメンタリー、など実にさまざまな番組をCMなしで見ることができる。

それに今のテレビには何十時間も、しかも同時にいくつかの番組を録画できる機能がついているので、これを利用して番組を録画しておけば、膨大な数の番組のコレクションになる。その中から好きなものをピックアップして見ていれば、退屈しないで一日を過ごせる。このような高齢者のテレビオタクが増えているのである。

ときにはテレビ三昧でテレビを相手に過ごすのも悪くはないが、こんなことを毎日続けていると、運動不足から筋力が衰え、転倒のリスクが高くなる。もし転倒して足や腰の骨を骨折することにでもなれば、長期にわたり寝たきりの状態が続き、これが契機となって認知症が発症することも十分にあり得るのである。

そんなことにならないためにも、高齢者には独り遊びだけではなく、どしどし合遊することをお勧めしたい。

若いときは独りになって思索する時間を持つことは人格形成に不可欠なことだが、高齢になったら、できるだけ多くの人と交わり、会話をすることが人格を熟成させ、活力を産み出す。

私たちのまわりには、その気になって探せば、朝のラジオ体操、ゲートボール、グランドゴルフ、バードウォッチング、料理教室、カルチャー教室、地元発のバスツアーなど、合遊する機会はいくらでもある。

また、近くにスポーツジムや公共の運動施設があれば、それを上手く利用しない手はない。興味が持てそうなものを探して、思い切って飛び込んでやってみることである。案ずるより産むが易しで、やってみると意外と面白いということもあるだろうし、また、どうしても好きになれないとなったら、静かに身を引けばいい。

私には趣味と言えるものがまるでなく、ゴルフもテニスもスポーツと名のつくものは何一つしない（というよりできない）典型的な運動音痴の仕事人間だったが、一つだけ体にいいことをしてきた。それは、五十代半ばごろから自宅近くのスポーツジムに週に二、三回を原則に、今日までずうっと通っていることである。

主にエアロビクスを中心にしていたが、さすがにこれは無理かなと思えてきたので、数年前からは筋トレと水泳に切り替えている。スポーツジムでは技を競い合うということがないのがいい。スタジオではストレッチ、筋トレ、バランス、有酸素運動などを組み合わせて運動量、難度などを考慮に入れたいろいろな運動プログラムが用意されている。

プールでは歩行専用レーン、初級者用、中級者用のレーンも決められている。自分に合った運動を自由に選択して、好きなだけすればいい。私は高齢者が多い午前中に行くことにしているので、同世代という親近感もあって、違和感を抱かずに、ささやかだが合遊の気分に浸ることができている。

同じところで、たとえば病院の待合室などで、顔を合わす機会が重なってくると、自然と親しみを感じるようになり、そのうちにどちらからともなく挨拶をするようになり、いくつかの言葉を交わすようになる。最初は短い会話から始まり、次第にまとまった話をするまでになり、やがては親密な交際にまで発展する、ということもある。

ただし、このようになるには、いつでも相手を受け入れるというオープンな心の姿勢が整っていなくてはならない。

独りでゆったりと時を過ごすことは大好きだが、ときには多くの人たちと心を触れ合い、感動を分かち合えるようしたいと思って、そんな機会の創造をいつも模索している。

第二章

沈黙は猛毒、お喋りは百薬の長

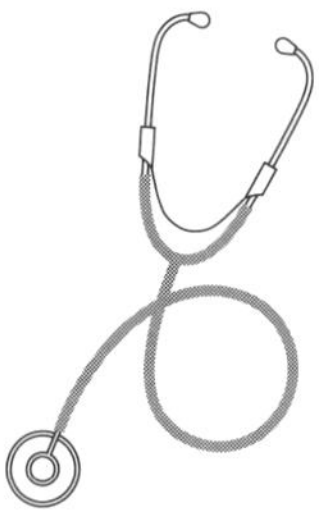

喋って、動いて、考えて、
よく寝て、よく食べ、よく笑え

沈黙は猛毒、お喋りは百薬の長

考える時間を持つことで、精神の姿勢を整える。
笑うことで気分が爽快になり、免疫力も高まる。

「喋って、動いて、考えて、よく寝て、よく食べ、よく笑え」は、自分に向かってひそかに号令をかけている言葉である。

近ごろ、かつてのようにはお喋りをしなくなったように思う。二人きりで話をしているときには、失礼にならないように相手の口数に合わせるようにはしているが、もしかしたら気が進まないで話をしているような口調になっているのではないかと、心配になることがある。

また、何人かでいるときには、自分から積極的に話の輪に入っていくのが億劫になって、もっぱら聞き役に回っていることが多くなっている。こんなときは頭の回転は休止に近い状態になっているのかもしれない。

一方、よくお喋りしたあとでは、頭の回転がよくなっているように感じられる。それはお喋りが脳内の神経伝達回路を潤滑にして、脳内インパルスが活発に伝達されるようになったからではないかと勝手に想像している。「沈黙は猛毒、お喋りは百薬の長」なのである。

近ごろ、動きが少なくなっているのは間違いない。週に二回か三回、スポーツジムに通って、筋トレと水泳をしているが、そのほかの日は動物でいるより静物でいる時間のほうが多いかもしれない。それでも週のうち二日は、電車とバスに乗って病院で仕事をしているので、少しは動いているのだが、目標にしている一万歩の歩数からは程遠い。

せめて病院からの帰路には自宅近くの常盤平駅から歩いて帰ろうとは思うのだが、暑いの、寒いの、疲れたなどと、もっともらしい理屈をつけて、タクシーに乗ることが多くなっている。

常盤平駅から南北にわたって約一キロに及ぶ「常盤平けやき通り」は「新・日本街路樹百景」に選ばれている景勝の道だし、駅前の東西に延びる全長約三キロの「常盤平さくら通り」は「日本の道百選」に選ばれている桜の名所として知られている。駅から自宅まではどちらの道でも歩いてほぼ二十分の距離で、三鷹の大学病院に勤務していたころは、帰路は駅から自宅までよく歩いて帰った。

また、家から歩いて二十分くらいのところに「21世紀の森と広場」という手入れの行き届いた、散策やジョギングにはもってこいの森林公園がある。自宅を出て公園内をひと回りして帰ってくるとほぼ一万歩になる。ついこの間まではときどき出かけていたのだが、近ごろはそこにも足が遠のいている。

このまま動きを鈍らせたままでいると、今に関節が硬直し、筋肉が衰え、本当に動けなくなってしまう。そう大脳が判断したのか、「動け!」の指令を頻回にわたって発しているので、とにかくこまめに動くことに努めている。

大学に勤務していたころは、考えるテーマが出番を待って頭の中で列をなしているという状態が日常化していた。その一つひとつを悪戦苦闘しながらも、取りさばくことに快感すら覚えていた。

ところが、大学を離れて月日が経つにつれて、考えるテーマは目に見えて少なくなってきた。今では向こうから飛び込んでくることなど滅多になくなり、こちらからテーマ探しに乗り出さなくてはならないといった状況である。考えることをサボっていると、そのうち大脳の思考回路はうまく回転しなくなるのは明らかである。

それは、ネジ巻き時計のネジを巻かずに放ったらかしにしておくと、やがて錆びついて動かなくなってしまうのとよく似ている。思考のネジを巻くのに役立つのは、読んで書くことである。人が書いた文章を読むことで、思考が刺激されることはしばしばある。読書は思考のためのネジ巻きになると思っている。

また、思っていることや、感じていることを書き留めておくことを心がけているが、そのプロセスの基本には思考がある。日々の生活の中で考える時間を持つことは、精神の姿勢を整えるのにも必要なことである。

早寝早起きは、超多忙期の壮年期でも変えることなく継続していた年季の入った習慣で、後期高齢期の今はこれに、一度、ときには二度も目が覚める中途覚醒が加わり、それが常習化している。尿意で目が覚めるというわけでもないのだが、とりあえずトイレに行き、洗面所で口をゆすいでから床《とこ》につく。そのあとは大抵すぐに眠れるので、中途覚醒してもあまり気にしないことにしている。

睡眠時間はせいぜい六時間くらいだが、今は体も頭も酷使しているわけではないので、まあ、このくらいの睡眠で十分だと思っている。それに、朝の起床時には、頭はすっきりしていて、睡眠が充足していると感じている。

この充足感はとくにスポーツジムに行った翌朝にははっきりと認められる。それは運動による疲労が深いノンレム睡眠を長くして、脳を十分に休息させるためと思われる。よく眠ることは元気の源になる。

「腹が減っては軍《いくさ》はできぬ」のとおりで、高齢者もしっかり食べないと襲いかかってくるあまたの病魔に立ち向かうことはできない、というのは本当である。一人住まいの高齢者は毎日の食事をなおざりにしがちである。自分一人のために料理を作るのが面倒になったり、偏った料理になったり、食べる回数が減ったりして、知らぬ間に低栄養になることがある。低栄養になると免疫力が弱くなり、気管支炎や肺炎などの感染症になりやすくなり、ときには生命の危機に及ぶこともある。

最近、メタボリック症候群の怖さが高齢者の間にも浸透して、体重を過度に気にする人が増えている。高度な肥満ならともかく、軽度の肥満なら減量ではなく、現状維持で十分である。がんや感染症になった場合、軽度の肥満であるほうが生命予後にはプラスになっているという信頼にたる報告がある。高齢者はとにかく、よく食べることである。


前章でも書いていることだが、「一読（一日に一回はまとまった文章を読もう）、十笑（一日に十回くらいは笑おう）、百吸（一日に百回くらい深呼吸をしよう）、千字（一日に千字くらいは文字を書こう）、万歩（一日に一万歩を目指して歩こう）」を日常生活の中に取り入れることを長年提唱している。これらの一つひとつは簡単そうだが、いざ実行するとなると、かなりの努力が必要になる。

中でも、とくに意識して心がけているのは「十笑」である。笑うことで気分が爽快になって、免疫力も高まるという効用があり、しかも、周囲の人たちに笑いを誘発させ、その場の雰囲気を明るくさせるというおまけまである。

だが、「十笑」となると、これがなかなかに難しい。それは、テレビのお笑い番組を見て一人で笑うこともたまにはあるが、大抵は人と話をしているときに笑うので、仕事を離れて、多くの人と交わる機会から遠のいている高齢者には、笑うチャンスが少なくなっているからである。

周囲の人が笑わせてくれるのをただじっと待っていても埒《らち》が明かないので、私はこちらから相手を笑わせ、そのご相伴にあずかってこちらも笑わせてもらうことにしている。こうすることで、大笑いとまではいかないものの、ふ、ふ、ふの小笑いぐらいの「十笑」はクリアできている。

「喋って、動いて、考えて、よく寝て、よく食べ、よく笑え」と気合を入れているおかげで、そこそこに年を重ねていると自分なりに評価している。

老いの3K「金・健康・孤独」

働くことが生活にメリハリをつけ、認知機能を高める

孤独は魅惑的な「静」であるが、
絶望的な「寂」でもある。
高齢者の引きこもりは禁物である。

老いの3Kとして、「金・健康・孤独」が取り上げられることがあるが、この三つが高齢者の生活に大きな影響を及ぼしていることは確かである。また、病気(Sickness)とお金(Okane)と孤独(Solitude)が高齢者の生活のリスクを報せる「SOS」にもなっている。

これから先、お金の心配など一切しないで、使いたいだけ使っても平気だろうと羨ましく思う人は私が知っている人の中にも何人かはいる。だが、そのような人は例外中の例外であって、ほとんどの高齢者は多分、私と同様に、どうやりくりすればまずまずの生活を続けていけるかと苦慮しているのではないだろうか。

仕事を離れてからはそれまでの月々の給料もボーナスもなく、主な収入が年金だけとなると、それなりの貯えがあるにしても目減りする一方であり、先々のことを考えるとあまり無駄遣いはできないと、出費に気を遣うようになる。そうなるとどうしても閉鎖的な気分になって、行動が消極的になり、生活に活力が感じられなくなる。

　このようなネガティブな発想の流れに、いささかなりとも歯止めになり得るのが仕事である。毎日でなくても週に何日かでもいいので、働くことをお勧めしたい。そうはいっても、過去のキャリアに見合う仕事にめぐりあうのは難しいだろう。

　だが、本気で探せば、今の自分でも何とかできそうな仕事を見つけることは可能だと思う。高齢者ができる仕事で生活のすべてを賄えるほどの収入は得られないとしても、生活に潤いを与えるくらいにはなるに違いない。働くことは収入を得る第一義的な目的ではあるが、それだけではなく、生活にメリハリをつけ、躍動感を産み出し、さらに認知機能を高める効果もある。

　ここで注意しなくてはならないことは、蓄えの目減りを気にしている高齢者に狙いをつけた、怪しい儲け話が横行していることである。傍《はた》から見たらすぐに詐欺とわかるような儲け話に、ころりと引っかかって大金を失う羽目になった高齢者が跡を絶たない。本当にそんなに儲かる話なら、人に話さずに自分で儲けているはずだとわかりそうなものだが、言葉巧みに誘われて、ついその気になって騙されてしまう。「金用心、儲け話に、罠がある」と心得て、まずは欲張らないことである。

高齢になれば、誰でも体のどこかに多少なりとも加齢による何らかの支障が出てくるものである。膝や腰や首や肩が痛む、耳が遠い、目がかすむ、体がふらつく、手足がしびれる、物忘れが多い、などの症状は高齢者にはごく当たり前にみられる。

このような症状があれば、当然のことだが、まずは医療機関を受診して今後の対処法のアドバイスを受けるべきである。だが治療によって著しく改善することもあるが、多くの場合、加齢に伴う部品の劣化に起因する支障なので、部品全部を取り替えることが上手くできる場合を除いては、どうしても保存的な治療になってしまい、完全に愁訴を取り除くことは難しい。

傷んだ部品（たとえば股関節や膝関節の一部）を人工的な部品と取り替える手術をしても、必ずしも上手くいかないこともある。愁訴を徹底的になくすために行った治療が裏目に出て、症状が悪化したり、とんでもない余病が発症することもある。愁訴との付き合いをどのようにするかは、担当医と話し合って慎重に決めるべきである。

ご多分にもれず、私の老体のあちこちに、これまでなかったような不具合が出てきているが、これらは加齢に伴うごく当たり前の変化だと受け止めている。今の私の体は、築八十年を過ぎた、いたるところにガタがきている老朽化した家屋のようなものなので、乱暴に取り扱うと崩壊するおそれがある。そこで、不具合のところを個々に修理・補強しながら、静かに日々を過ごすように心がけることが最善だと心得ている。

こんな私でも、自分では健康だと自負している。そう思うのは、WHO憲章で、「健康とは、病気でないとか、弱っていないというのではなく、肉体的にも、精神的にも、そして、社会的にも、すべてが満たされた状態にあることをいう」（日本WHO協会訳）と定義されていることとほぼ同じ心境にあるからである。

健康でないと思っている人は健康であると思っている人よりも、死亡率が二倍も高かったとする調査報告（産業医科大学の研究グループ）がある。なぜそうなのかは明らかではないが、健康でないという気持ちが免疫力を弱め、結果的に死亡のリスクを高めたのではないかと推測されている。体の不具合が多少あっても、自分は健康であると胸を張っているほうが元気になれるし、しょぼんとしているよりはるかに格好がいい。

高齢になり社会の活動の場から遠ざかると、それまで親しく交流していた人たちと次第に疎遠になり、孤独な世界に沈潜したような気持ちになる。若いころは孤独になることで鈍《なま》った精神を研ぎ澄ましているような心地良さを味わったものだが、高齢になって孤独の中にいると、心の芯を抜き取られるような寂寞《せきばく》とした思いになる。

人と交わるのがうっとうしく、独りでいるほうが気楽だと思うことから孤独の世界に入り込むこともある。だが、孤独の魅惑的な「静」を愉しむ時期が過ぎると、やがて絶望的な「寂」と対面しなくてはならないことになる。

高齢者にとって、孤独は認知機能を低下させる毒薬のようなものである。高齢者が迷い込む孤独の世界は寒気に満ちている。長くその場にいると芯から冷えてきて身動きができなくなり、最悪の場合には孤独死に至ることにもなりかねない。

そんなことにならないためには、高齢者は無理をしてでも人との交わりの中に入り込んで、冷え切った魂を温めることである。それは、子供のころの寒い冬の日に、「♪おしくらまんじゅう、押されて泣くな」の掛け声に合わせて、何人もの友だちと互いにお尻と背中を押しつけ合って暖をとったこととよく似ている。

高齢になったら引きこもっていないで、自分のほうから、「おしくらまんじゅう」の遊びの輪の中に飛び込んではどうだろうか。

高齢者向きの「おしくらまんじゅう」には、前章でも書いたように、バスや電車での日帰りツアー、ゲートボール、体操教室、カルチャー教室、スポーツジム、さまざまな催し物など、気軽に参加できるものがいくらもある。私は週に二、三回、近くのスポーツジムで同年代の人たちが多く集まる午前中に、筋トレとスイミングをしている。そこでは挨拶程度の軽いお喋りをするだけだが、それでも「おしくらまんじゅう」の効果を十分に享受している。

老いの3K「金・健康・孤独」と上手に付き合いながら、老いの坂道をゆっくりと下っていきたいと思う。

量か質か、それが問題だ

自由な時間を好きに過ごせる特権

自分だけが楽しむのではなく、
周囲の人たちにも何かしたいという思いが、
豊潤な時間を作り出す。

若いときは質より量を優先させていたのが、高齢になると量より質を重んじるようになる。

バリバリ働いていたころは、安くて、美味くて、腹いっぱい食べられれば、多少質が落ちても、それで十分満足していたが、高齢の今は、もうそう多くは食べられないし、多少値が張っても、上等のものが欲しくなる。

身に着けるものもそうである。若いときはスーツ、ワイシャツ、ネクタイ、靴などすべて数が必要だった。上質なもので揃えられるほどの余裕はなく、質を落として安価なものにし、数を増やすしかなかった。それが今では、手持ちの上質の衣服を自由気ままに着ている。というのは、特別の機会に着用するよそゆきの衣服として、長年にわたって折々に作って大事にしていたものを、せっせと取り出して普段にも身に着けるようにしているからである。

出かける機会が少なくなっているうえに、かなりの量のよそゆきがあるので、いささかオーバーだとも、もったいないとも思いながらも、この先の自分の持ち時間のことを考えると、着ないでいるほうがよっぽどもったいないことに気づいて、とっかえひっかえ身に着けることにしている。

若いころは、飛び込んでくる仕事は、選《え》り好みなどしないで何でも引き受け、がむしゃらにこなしていた。仕事が仕事を呼び、大量の仕事に押しつぶされそうになりながらも、それでも仕事の輸入制限など一切しないで、新しい仕事をどしどし引き受けていた。

仕事の処理能力がある人は、多くの仕事が舞い込んでくるから忙しくなる。それを無難に処理するからさらに忙しくなるのである。私は出版社から医書の編集を引き受けることが多かった。その際、執筆者を選ぶのに、学識者を第一条件にするのは当然として、仕事は忙しい人に頼め、という原則に従うことにしていた。

医書は日進月歩の医学情報を取り入れなくてはならないので、できるだけ短期間に原稿を収集・編集して本に仕上げる必要がある。そのためには原稿の締め切り期日を厳守してもらわなくてはならない。一人の執筆者からの入稿の遅れが致命的になるので、執筆者の選考が重要になるのである。

高齢になってからは、量で仕事をこなすだけの気力も体力も能力もなくなってきているので、おのずと自分でできる量と質で仕事をすることにしている。今の私の仕事量はせいぜい大学在職中の二割くらいであり、仕事の範囲は一割にも満たないくらいになっている。だが、今の私には質・量ともにこのくらいの仕事がもっともいい具合なのである。

海外旅行へ出かけるとき、若いころは、多くの観光地を駆け足で見て回るような、質より量のツアーに参加していたが、もうそれだけの体力がなくなっている今では、一箇所か二箇所にとどまって、ゆっくりと観光する量より質の旅行を選ぶようになっている。

学生時代に柔道部に所属していたが、卒業後は柔道をする機会がないままになった。

もともと運動への関心が希薄だったので、中年になるまで運動らしい運動はほとんどしないで過ごしていた。そのせいもあって、九十キロを超す肥満体となり、これはまずいと思って、スポーツジムでエアロビクスを始めた。

どういうわけか、このエアロビクスが性に合っていて、週に二、三回を原則にして、これが二十年以上も続いたのである。体重は七十キロにまで減量した。

しかし、傘寿を目前にしたころから、エアロビクスは体力的に少し無理のように感じられるようになったので、量より質を重視して、筋トレ（モドキ）とスイミング（モドキ）に切り替え、週に二、三回行うようにしている。今のところ、このくらいが丁度いい按配である。

高齢者の毎日には、自由になる時間だけはまだたっぷりとある。その自由になる時間を好きなように過ごせるのが高齢者の特権でもある。だが、このような毎日を過ごせるのがもうそんなに長くはないことも、覚悟しておかなくてはならない。

毎日をどう過ごそうと一日は一日であり、これでよしと思えるようにして過ごせばいいのである。そんなとき、自分だけがよしと思うことだけをするのではなく、周囲の人たちにも何かよいことをしたいという思いがそこにあると、何となく心が和んでくる。

自分が得意なことをしているときは、時間は微笑むように穏やかに流れていく。そして、その中に周囲の人たちを加えれば、おのずと豊潤な流れになる。

週に二日、それもほんの数時間だけだが、家からそう遠くない病院で予約制の専門外来で診療している。かつて勤務していた大学病院での診療とは違って、時間に追われることなく、じっくりと患者さんと向き合うことができる。

そのときの私は、今なお臨床医として充実した時間の中にいられることに感謝し、診療を介してほんのわずかに過ぎないが、社会へ恩返しをしたいと願っている。この上質な時間は、今の私にとって代替ができない宝のようなものである。

バイトは楽しい

肩の力を抜いて、面白がって仕事をする

社会から恩恵を受けるばかりではなく、
社会のために何ができるかを考える。
少しのバイトでも、
その義務の一端を果たすことができる。

これまで多くのバイトをしてきた。ちょっとした小遣い稼ぎを一度か二度するのもバイトにいれるとすれば、初めてバイトをしたのは小学生の四年か五年のころだった。

そのころの東京では、まだ空襲による焼け跡がかなりの残骸を残したまま、町のあちこちに見受けられた。仲良くしていた同級生の一人が焼け跡で鉄くずを拾い集めて、それを業者に売って小遣いを稼いでいた。その友だちから誘われて何度か手伝いをして、分け前をもらったことがある。

そのとき、手渡された金でぎりぎりキャラメル一箱が買えたことを、今でも不思議と覚えている。そのくらいの小遣いには多分、不自由はしていなかったのだろうが、自分で稼いだ金でキャラメルを買ったということが、よほどうれしかったのだと思う。

中学生のころのこと、親しくしていた近所の家の親戚がある菓子メーカーの下請けで、かりんとうを作る仕事をしていて、年の暮れに年末年始用に大量の注文を受けて家族総出で手伝っていた。

だが、それでも人手が足りないということで、私までも手伝いに行くことになった。学校が休みに入っていたので、三日間、泊り込みで働いた。好物のかりんとうを思う存分食べられたし、そのうえ、毎年、親や親戚からもらうお年玉を全部かき集めたくらいのバイト料を手にして大満足だった。

高校の三年間は、毎日、放課後五時まで図書室の管理をするバイトで授業料が免除された。ここでの主な仕事は、本の貸し出しや返却の手続き、購入した書籍名を台帳に記入し、日本十進分類法に従って本の背にラベルを貼り、そして、図書室を閉めたあとに書架の整理と部屋の掃除をすることだった。

このバイトはもう一人の同級生と一緒にしていたので、自分の自由になる時間がたっぷりとあり、勉強に専念することができた。それに大学受験に必要な本はすべて取り揃えられていたので、自分で買う必要はほとんどなかったし、図書室を閉めたあとも広々とした部屋の中に一人残って、静かな環境で勉強することができた。中学・高校一貫の長い歴史（一八八五年創立）のある男子校で、図書室に納められていた蔵書だけでも半端でない数だった。勉強の合間に、著名な作家の小説を新聞の連載小説を毎日読むように、ほんの数ページずつ小刻みに読んだり、万葉集や古今和歌集や新古今和歌集などから、一日に一句か二句取り出して読むなどしていた。

こうして小刻みに読んだ本は、ちりも積もれば山となって、三年間の図書係りのバイトをしている間に、数百冊にもなっていたと思う。そして、何よりも幸運だったのは、本を読む楽しさを身にしみ込ませることができたことだった。

大学生のときは大学受験の手助けをする英語と数学の家庭教師のバイトをした。一対一で教えていて、目に見えて力がついてくるのを実感したときは、それまで味わったことのない快感を覚えた。そして、もしかしたら、相手の力を引きだす才能が自分にはあるのではないかとさえ思えてきた。教えた学生は、もちろん、私の助力など微力だったとは思うが、皆、一流といわれている大学に現役で入学した。

この家庭教師のバイトは貴重な経験だった。中でも大学の教師になってからの講義に役立ったのは、相手に理解させるために、一方的に知識を押し込むようなことをするのではなく、相手に理解しようと心を開かせてから、おもむろに知識を提供することだった。

それにはユーモアは欠かせなかったし、本題から外れて脱線することも意識的に行った。そして、重要なポイントだけを嚙み砕くように話をして、あとはテキストを読んで整理しておくようにと勧めることにした。型破りな講義だったが、学生の評判は悪くはなかった。

本業が医師であり、大学の教師であるので、本業とは無関係ではないが本筋からは離れているという意味で、テレビやラジオや一般向けの講演会への出演はバイトと言えなくもない。これらのバイトは私の性に合っていて、何しろ面白くて楽しかった。そのせいもあって、日本テレビ系の昼番組の「午後は○○おもいッきりテレビ」、NHKラジオ第1放送の「健康電話相談」、そして、NHK文化センターの特別公開講座「すこやか健康教室」には、いずれも二十年以上も継続して出演できたのだと思う。バイトには、本業とは違って、肩の力をちょっと抜いて、面白がって仕事ができるというメリットがある。どんなに高齢になっても、社会から恩恵を受けるばかりではなく、社会のためになることをする義務がある。

　ほんの少しのバイトでもその義務の一端を果たすことができる。面白がって、バイトをしてみてはどうだろうか。

お足元にご注意ください

「もう大丈夫」と思ったときにスキができる

ウォーキング、下肢の筋トレの継続。
転ばぬ先の、
そのまた先の杖まで考えておく必要がある。

駅やデパートのエスカレーターを乗り降りする際に、「お足元にご注意ください」というアナウンスが流れてくることがよくあるが、あまりに単調で響きが緩やかなので、つい聞き流してしまう。せっかく、警告を発してくれるなら、英語の"Watch your step!"のような強い語調で「足元に、ご注意！」と命令調で簡潔に言ってもらったほうが、はっとなって注意をするのではないだろうか。

それより、足元に注意しろ、などといちいちアナウンスされるのはわずらわしいからやめてほしいという人もいるだろう。しかし、注意が散慢になっている高齢者には、"Watch your step!"の呼びかけはまんざら無駄ではないのである。

高齢の患者さんや知人に、転んで捻挫した人や骨折して入院した人が何人もいる。そのほとんどの人が家の中や庭や、まさかそんなところで転ぶとは思ってもいなかったようなところで転んでいるのである。

私が通っている自宅近くのスポーツジムは、一階がプール、二階が筋トレやエアロビクスなどの一般的な設備のあるエリアになっている。一階から二階へは、まるで登山の鎖場《くさりば》のような急な階段になっていて、ここを登るのが一つのトレーニングに組み込まれているのではないかと思われるほどの難所になっている。

階段を下りるときは谷底へ下りるようなもので、高齢者は手すりにしがみつくようにして、一段一段ゆっくりと下りていくのだが、まだ体力にいささか自信のある中年の中には、手すりにつかまらずに、スポーツバッグを手に、足取りも軽く下りる人も少なくない。

ある日、そんな中年女性が階段を軽快に下りていて、足を滑らせ、転んで足首を捻挫してしまった。運動後の疲れに運動を終えてほっとひと息ついたときの気の弛みが重なって、いつもなら何でもないところで足を滑らしてしまったのである。

私自身、階段を下りてきてあと一段か二段で下に着くとき、やれやれという気分が先行して、足元への注意が疎かになり、足を踏み外して危うく転倒しそうになったことが何度かあった。何でもそうだが、もう、大丈夫と思ったときにスキができるのである。

転んで怪我をした人から直接聞く経験談はリアルでインパクトがあり、強烈な“Watch your step !”の警告になる。あの人がこのようなところで、あんなふうにしたから転んだのだ、というイメージが浮かんできて、注意深くそこを通り過ぎることがよくある。転んで怪我をした人がまわりにいたら、そのときの状況を聞いて、他山の石にしたほうがいい。

つまずいて転びそうになっても、若いころはオッ、トッ、ト、トと踏ん張って転ばないだけの脚力があったが、高齢になるとその力が弱くなるので踏ん張りきれずに、オッ、バタン、と転んでしまうことにもなりかねない。

そう簡単に転ばないためのトレーニングとして、ウォーキングだけでは不十分で、大腿四頭筋、大腿二頭筋、腓腹筋《ひふくきん》、前脛骨筋《ぜんけいこつきん》などの下肢の筋肉を鍛える筋トレが必要である。私がスポーツジムで行っている筋トレは、主にこの下肢の筋肉を強化するためのものである。自宅でも簡単にできる下肢の筋トレは、インターネットや本でいろいろ紹介されているので、自分に合ったものを選んで、三日坊主にならずに毎日継続して行うことである。

どんなに下肢の筋力を強化し、転ばないように注意をしても、それでも転んでしまうことはある。そのことを想定して、転んでもそうたやすく骨折しないだけの骨の強靭さを保持するために、必要なら積極的に薬物治療を受けるべきである。転んで骨折するかしないかは、どんな転び方をしたかにもよるが、骨粗しょう症になっているか否かも、大きく関与している。

骨粗しょう症であるかどうかを調べたことのない人は一度、検査を受け、もし、骨粗しょう症と診断されたら速やかに治療を受けたほうがいい。

さらに、転んで骨折して入院するようになった場合のことも考えておいたほうがいい。高齢者が入院すると、家庭での日常生活から切り離されることが大きなストレスとなって、せん妄状態になったり、認知機能が低下したりすることがある。これが一時的な症状ですむこともあるが、長引いて退院したあとまで継続して認められ、さらに進行することもある。

このようなことにならないためには、術後のリハビリを積極的に行い、周囲の人たちとの交流を緊密に保ち、できるだけ早く元の日常の生活に戻ることを肝に銘じておくべきである。

そこまで考えなくてもいいのではないかと言う人もいるだろうが、転ばぬ先の、その先の、そのまた先の杖まで考えておく必要が、私たち高齢者にはあると思っている。

それは誰のせい？

自分にも責任があると自覚したほうが、
物事が見えやすい

体の不具合が出たときは、
自分の怠慢のせいでもあると受け止め、
生活習慣を改善することが大切。

物事がうまくいかなかったとき、自分のせいではないと思っても、それをすべて他人のせいにすることを潔《いさぎよ》しとしないで、その責任の一端は自分にもあると心得ることが成熟した大人の姿勢である。

ところが、どうみてもその人のせいでそうなったとしか思えないことでも、自分に都合が悪いとなると、何が何でも他人のせいにしようとする人もいる。

電車に乗っているとき、近くの席に座っていた初老の二人の女性のこんな会話が聞こえてきた。どうやら、一人の女性が転んで怪我をしたときの話のようだった。

「あの日、病院からの帰りにスーパーに寄って買い物をすませて外に出たら、小雨が降っていたのよ。天気予報では雨が降るなんてひと言も言っていなかったんで、傘を持たないで来てしまったの。スーパーの近くにタクシー乗り場があるでしょ。そこまでなら大して濡れないですむと思って、食料品が詰まった袋を両手に持って急いで歩いていたら、つまずいて転んでしまったのよ。そのとき左の膝を地面にぶつけて、膝の骨にひびが入ってしまって、整形外科で治療を受けて、やっとこうして歩けるようになったの」

「それは大変だったわねえ」

「転んだのは道にくぼみがあったせいなのよ。それにつまずいたの。市のほうできちんと道路を整備していれば転ばないですんだのよ。それに、あの日、天気予報で雨が降ると言ってくれていれば、傘を持って出たでしょうから、傘をさしていれば、ゆっくりと歩いて転ばないですんだと思うのよね」

その女性の話の中には、転ぶ原因になったのが、自分の不注意で道にくぼみがあるのを見逃してしまったせいだとも、急いで歩いたせいかもしれないことも、両手が荷物でふさがっていたからだとも、自分の下肢の筋肉が衰えているせいだとも、一切含まれていなかった。

また、天気予報はあくまでも予報であって、一〇〇％雨は降らないとは伝えていなかったはずである。最終的には、傘を持って出るか否かは自分で判断すべきなのである。

二〇一四年、長年の喫煙が原因で夫が肺がんになったとして、アメリカ大手タバコ会社ＲＪレイノルズを訴えた夫人に対して、二百三十六億ドル（約二兆四千万円）の賠償金を認める評決が下され、社会に大きな波紋を起こした。

タバコ会社は、喫煙が肺がんを惹起する可能性を認識しながらも発売しているので、喫煙者の肺がん発症に対して責任がまったくないとは言い切れない。だが、今では喫煙が肺がんを含む多くの重篤な疾患を惹起する可能性があることは周知されている。それを承知のうえで喫煙しているわけなので、その責任の大半は喫煙者自身にあると認識するのが妥当であろう。

「糖尿病の両親の血を引いたせいで私も糖尿病になったのでしょうか」

こんな質問を受けることがあるが、答えはイエスでもありノーでもある。糖尿病の素因は親から引き継がれることは確かであり、それが両親からとなると、さらに濃厚に伝えられることが予想される。

だが、それだからと言って、受け継いだ素因だけで糖尿病が発症するわけではない。その素因に外的因子、たとえば、暴飲暴食、過食、運動不足、不規則な生活、ストレスなどの好ましくない生活習慣が加わると、その素因を持っていない人より、糖尿病になりやすくなるのである。どちらかの親か両親が糖尿病でも、糖尿病にならない人はいくらでもいるが、その人たちの多くは、適切な生活習慣を保つように気を配っているからである。

高血圧も虚血性心臓病も脳卒中もがんも、ある程度は両親からその素因を受け継いでいるのだが、それだけでは発病することはなく、その素因を焚きつけるような好ましくない生活習慣をしているからである。

この年になると、これでもか、これでもかと、体のあちこちに次から次に不具合が出てくる。それをいちいち年のせいにするのも業腹《ごうはら》だし、それに卑怯だとも思えるので、自分の怠慢のせいでもあると受け止め、多少、むきになりすぎる面もあるが、何とか自分で改善させようと努力している。

物忘れは勉強不足で頭を使わないせいでもあるとして、専門誌を読む時間を延ばしたり、腰痛や膝痛にはスポーツジムでの筋トレやストレッチ体操やスイミングに気合をいれたりしている。

不都合なことが起きたとき、自分のせいだと思えなくても、それでも多少は自分のせいでもあるとしたほうが物事の先が見えやすくなる。自分のまわりで起きていることで、自分がまったく関係ないということなどは、まず、あり得ないと思っていたほうがいい。

なるほど、ザ・年のせい

物忘れ、睡眠障害、
速やかに医師に相談を

年のせいと思っていた症状に、
明らかな原因が存在することがある。
加齢現象が起こすバランス機能の障害に注意する。

私は循環器を専門にしている医師なので、高齢の患者さんを診察する機会が多く、患者さんたちからは循環器疾患に由来する症状以外の愁訴を聞くことも少なくない。そんな愁訴の多くは、大雑把に言ってしまうと、年のせい、なのである。だが、「年のせいですね」などと、身も蓋もないことを言うのも気が引けるので、「加齢に伴う誰にでもよくみられる症状でしょう」と、ちょっとトーンを和らげるよう伝えている。

私自身近ごろ、なるほど、これも年のせいなのか、と納得せざるを得ないことが体のあちこちでやたらと起きている。そんな私の「年のせい」と同じようなことを訴えている患者さんとは、同病相憐れむ気持ちで話が盛り上がってしまう。そんなとき看護師から、もうそのへんにして、次の患者さんを診察してほしいと、催促の目線が向けられることを感じることが、ときどきある。

人の体は約七十兆個の細胞から構成されている。脳や心臓や筋肉などの多くの細胞はすでに分裂が終了し、新たに分裂する能力を失っていて、加齢と共に細胞の働きが悪くなり、機能が低下してくる。この状態は細胞老化と呼ばれている。

一方、体の中には幹細胞といわれる分裂能を保持した細胞が存在していて、組織の修復や機能維持のために新たな細胞を供給している。だが、この幹細胞自身も老化し、年とともに数が減少し、分裂能も低下する。そうなると、脳、心臓、肺、腎臓、筋肉などの生理的機能も次第に低下してくる。

このように個々の細胞の加齢に伴う機能低下が少しずつ全身に及んでいくプロセスが老化である。人により多少の遅速はあるものの、私たちは日々老化の一途を辿っているのである。

ああ、これも年のせいなのかなあ、と思うことの中で、とくに気になっていることがいくつかある。その一つが、歩いているときの浮遊感である。地面に足がしっかりとついていないような、ふわふわとした妙な感じがして、まっすぐ歩こうとしているのに、よろけそうになる。これはさまざまな加齢現象が複雑にからみあって起こる体のバランス機能の障害によるものである。

これには、内耳の中の平衡機能（半規管や耳石器）の低下や小脳の加齢変化、運動機能の低下などが関与していることが明らかになっている。小脳の加齢変化はもうどうにもならないので、せめて運動機能を高めて、多少なりともバランス機能を改善させようと、下肢の筋トレを続けている。これにより歩行時のふらつきが著しく改善したとまではいえないが、それでも軽度になったという印象はある。

これも小脳の加齢変化によることが大きいと思うが、動作が緩慢になってきたことも気になっている。もともと機敏に体を動かすほうではないのだが、それでも今のように自分でもぎごちないと思うような動きではなかった。それに、歩行も遅くなっている。

歩行が遅くなっていることですぐに頭に浮かんでくるのが、認知症の一歩手前のステージの軽度認知障害である。この軽度認知障害では、物忘れに加えて、足腰に障害がないにもかかわらず、歩行速度が遅くなることが特徴的な症状である。歩行速度が遅くなったとはいえ、速く歩こうと思えば、かなりの速度で歩くことができるし、物忘れをするといっても、生活に支障をきたすほどにはなっていないので、まだ、軽度認知障害の段階には至っていないだろうと思うことにしてはいる。

とはいえ、軽度認知障害の一歩手前まで来ているのかもしれないという不安が払拭できないので、軽度認知障害に対する効果的な治療として推奨されている早足歩きをするように心がけている。ときどき思い出したときにしているこの程度の早足歩きでは、軽度認知障害の予防効果も大したことはないとわかってはいるのだが、それでもまったくしないよりはましではないかと思っている。こんなふうに安易に考えてしまうのも年のせいなのかもしれない。

年のせいとばかり思っていた症状が、実はそうではなくて、明らかな原因が存在することがある。

七十代半ばの男性が市の健診で血中ヘモグロビンが11g／dℓの軽度の貧血（成人男性では13g／dℓ以下が貧血とされているが、高齢者の場合、通常は11g／dℓ以下を貧血としている）と便の潜血反応が陽性であることから、上部消化管の内視鏡検査が行われた結果、胃がんが発見された。この男性は数ヶ月前から、だるさと疲れやすさを認めてはいたが、年のせいだと考えて深刻に考えていなかった。だが、実際は胃がんからの出血による貧血がだるさや疲れやすさの原因だったのである。

年のせいとばかり思っていた、寝つきが悪い、途中で目が覚める、早朝に目が覚める、などの睡眠障害が、実は睡眠時無呼吸症候群、うつ病、認知症などが原因であることもある。

高齢になると、いろいろな体の不具合が日替わり定食のメニューのように、あちこちで起きてくる。そのたびに、思い当たる節をあれこれ考えて、なるほどそのせいなのかと納得することもあれば、これといったはっきりした原因がわからずに、とりあえず年のせいにして一件落着と片づけてしまうこともある。

年のせいか否かで振り回されることがあれば、一度かかりつけ医に、できれば同じ悩みを持っているだろう老医に、相談することをお勧めする。

器用大尽

器用貧乏が時を経て、あらたな才能を開花させる

得意なことを伸ばすより、不得意なことを減らす。
それが毎日を楽しく生きる秘訣。

器用な人がいろいろなことに手を出して、中途半端で大成しないでいるのを器用貧乏と揶揄されるが、実際は貧乏どころか大尽なのだと思う。

手をつけた一つひとつは、他の追随を許さないほどには完成されてはいないかもしれないが、すべてを総合してみると、抜群の能力を保持している人であると評価できるのではないだろうか。周囲を見わたしてみると、そんな器用大尽が一人や二人、必ずいるものである。

私の知人に羨ましいのひと言につきる器用大尽の男がいる。水泳は平泳ぎ、クロール、バタフライ、背泳の四泳法をあの年でこれくらいこなせる人はそうはいないとほめられているらしいし、ゴルフは同伴者にそれほどの迷惑をかけずに回っているし、テニスは四十年以上続けているベテランだし、学生時代に始めたスキーは今でも年に何度か、孫たちと出かけているらしい。

しかも、子供のころから習っていたピアノを今でも弾いているようだ。定年退職したあとは、週に三日パートで仕事をしながら、身につけたこれらの多才を存分に生かして、活き活きと人生をエンジョイしている様子が伝わってくる。


大学病院や総合病院のような大きな病院では多くの診療科が揃っているので、いくつもの疾患がある高齢者は一つの病院ですむので便利な面もあるが、そうでないことも多々ある。

たとえば、内科の診療科には、循環器科、消化器科、呼吸器科、腎臓科、内分泌科、神経科、リュウマチ科、膠原病科などの専門分野に分かれていて、疾患ごとに専門外来を受診しなくてはならない。専門的な治療が絶対に必要なときはしかたがないとしても、必ずしもその必要がない場合には一つの診療科ですませたいというのが患者さんの本音であろう。

だが、大病院ではその融通がきかないことが多い。そこへいくと、開業医の守備範囲は広い。内科を開業しているクリニックで、看板に循環器とか消化器などと得意分野を表示していても、内科全般の診療に応じてくれるところが多い。また、内科を標榜しているクリニックでも内科以外の診療科として、たとえば小児科や皮膚科や精神神経科なども診療科目にしているところもある。

この場合、院長一人ですべてをカバーしているところも、また、決まった曜日に外から専門の医師がパートとして来ているところもある。

いずれにせよ開業医は、大病院に勤務している専門分野に固執している医師に比べれば、一つの分野の専門医としての力は確かに低いかもしれないが、広い分野でそつなく診療ができる総合的な能力はきわめて高いといっていい。

それに今は、大病院と診療所とが綿密に提携して診療する病診連携が広くいき渡っている。こうみてくると、大病院での専門医は不器用貧乏であり、開業医は器用大尽といえるのではないだろうか。

若いころ、なまじ器用であるために、いろいろなことに手を出して、いずれも中途半端になり、大成しないで終わってしまった器用貧乏な人が高齢になってみると、長らく冬眠していた種から新しい芽が萌え出すように、昔の経験が甦ってきて、じっとしていられなくなる、ということもあるのではないだろうか。

そうなると、高齢者を中心にした草野球、バレー、社交ダンス、合唱などのさまざまな活動の場で、昔取った杵柄《きねづか》の力を発揮することになり、器用貧乏を返上して器用大尽に格上げされることになる。


大学受験のとき、得意科目の力を伸ばすより、不得意科目を減らすようにと進学指導の教師から再三注意されていた。

「試験科目が英語、数学、理科、社会、国語の五科目だとして、もし得意の一科目に重点を置きすぎて、他の科目の勉強が不十分だったとすると、こんな結果にもなりかねない。得意科目で百点を取ったとしても、他の科目がすべて四十点だとすると、合計得点は二百六十点にしかならない。得意科目をどんなに頑張っても百点以上にはならない。一方、得意科目があっても、それだけに重点を置かずに、不得意科目をなくして平均的に点数を取るようにした結果、全科目が六十点だとしても総合点数は三百点になる。このことからも、不得意科目をなくすことが合格の秘訣であることがわかる」

試験科目全体の勉強を満遍なく器用にこなすほうが高得点を得ることができることになるので、これも器用大尽と言えよう。

高齢になったら、日常生活の中で不得意なことをできるだけなくすようにしたい。体を動かすこと、お喋りすること、人と付き合うこと、出かけること、本を読むことなど、これまで不得意として敬遠していたことを振り払って、毎日をもっと器用に生きたほうがこれから先、きっと面白くなりそうである。

第三章

礼儀正しさは、高齢者の正装

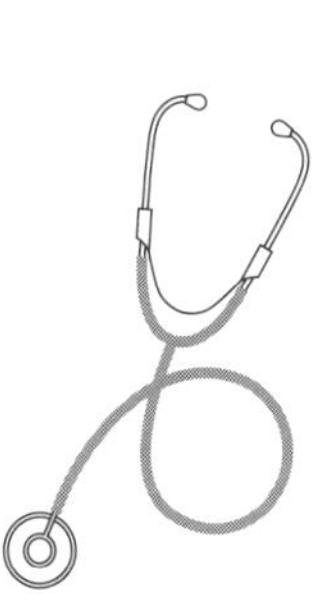

人は見かけではわからない

人間に対する洞察力に磨きをかける

人と同様、病気も見かけだけでは判断できない。
それを念頭において患者さんを診ている。

「まさかあの人があんなことをするとは思ってもいませんでした」

犯人の人柄について問われた近隣の人や知人・友人がいつも言う言葉である。私たちはごく近しい人についても、その人のごく一部しか見ていない。ましてや、それほど親しくない人についてはほとんど知らないと言ってもいいほどである。

それでも通常は、見かけ上の人物評価に基づいてお付き合いをしていても、それほどの支障が生じないのが普通である。はっきりそうと口に出しては言わないが、人にはそれぞれ外からは窺い知ることができない側面が多く存在することを承知したうえで、お互いによく理解し合っている振りをして付き合っているのである。

それでもときには、「あんな人とは思わなかった」と、思ってもいなかった場面に遭遇してがっくりくることがある。そして、人は見かけによらないものだと、あらためて認識するのである。

こんなことを年を重ねて味わってくると、人間に対する洞察力に磨きがかかってきて、その人のちょっとした隙間から、それがほんの一部であるにしても、それまで見ることがなかった本音の姿を垣間見ることができる。

国政や地方行政の代表者を選出する選挙で誰に投票するかを判断する場合、候補者その人を評価するだけの十分な知見を持ち合わせていないことが多い。候補者がどんな人物なのかではなく、所属している政党如何《いかん》で投票していることが少なくないだろう。

従って、自分が一票を投じた議員が破廉恥な行為で辞職に追いやられるような事態になった場合、そんな人物を候補者として認可した政党こそが、「人は見かけではわからない」と猛省して、今後の候補者選びに際して慎重を期してもらいたいと思う。

医者が行う基本的な診断法として、問診、視診、触診、打診、聴診がある。その中の視診は患者さんの体を目で観察して、そこに見られる所見から診断の糸口を探る方法である。たとえば、瞼の結膜が刺身のトロのように白っぽかったら貧血と診て、次に貧血をきたす疾患の中から可能性のある疾患を探求するという診断法である。

医者は患者さんの見かけを重視して診療に当たってはいるが、健康そうに見える人でも多くの病気を抱えている人もいるし、逆にいかにも弱々しそうに見えても特別何の異常もない健康体の人もいるので、見かけによらないことを念頭において患者さんを診るようにしている。

とくに高齢者では、疾患によっては典型的な症状や徴候が見られないことがよくある。高齢者の肺炎がそうである。高齢者肺炎の症状も多くの場合、成壮年者と同様に咳、痰、発熱、呼吸困難がみられるが、二〇〜三〇%はこのような典型的な症状を欠き、いつもより元気がない、食欲低下、意識障害、不穏、せん妄、失禁などの非典型的な症状が前面に出てきて、最終的な診断に到達するのが遅れることがある。

四十年以上も前のことになるが、こんなことがあった。私は病室と検査室で前日に記録したすべての心電図を毎朝、診断することにしていた。

ある日、病室で記録されたポータブル心電計の3チャンネルの心電図ではなく、検査室で記録された6チャンネルの心電図の中に、明らかに急性心筋梗塞の所見を示すものを発見した。それは甲状腺腫瘍で外科病棟に入院中の四十三歳の男性から、手術前の検査として依頼されて記録したものだった。

急性期の心筋梗塞の患者さんが検査室まで来ることなど絶対にあり得ないことで、当然、病室で記録されるはずである。そこで、急いで病室に行ってみると、なんとその患者さんは廊下を楽しげに歩いていたのである。心筋梗塞を発症したときには、激しい胸痛を訴えるはずだが、この患者さんはまったく痛みを認めていなかった。

その日の朝、担当医が診察したときにはとくに変った様子がなかったために、まさか心筋梗塞を発症していたとは気づかずに、患者さんに検査室へ歩いて行くようにと指示を出したのである。この患者さんは、心筋梗塞の発症時にみられる痛みも、その他動悸や呼吸困難やショック症状などもまったくない無症候性心筋梗塞だったのである。

とはいえ、もっと詳細に診察していれば、いつもと変った症状や徴候が多少はあったのかもしれないが、あったとしてもそれに気づかないほどの軽微なものだったのであろう。症状がなくとも急性心筋梗塞であることは間違いないので、当然、甲状腺の手術は延期された。その後、厳重な監視のもとで経過が観察されたが、何ごともなく経過し、後日、無事に手術を終えて退院した。

人の見かけもそうだが、病気も見かけだけで判断できない場合があることを、これまでに嫌というほど経験してきた。

知らぬが地獄

体力、認知機能に関して過大評価してはならない

自分はまだ大丈夫と思っていると、生命を脅かすリスクを負うことになる。体力、認知能力については、現状を見据えた判断を。

知らなくてよかった、と思うことより、知らなかったからこんなことになってしまったと後悔することのほうが多いのではないだろうか。

「まさか家内がそんなふうに考えているとは思ってもいませんでした。もし、もっと早く知っていたら、改めるべきところは改めたでしょうし、私の考えもきちんと伝えたでしょうから、こんなことにならないですんだのではないかと後悔しています」

これは何かのテレビ番組で高齢化社会の問題を取り上げたのを見ていたときに、四十年以上も円満に連れ添った（と思っていた）妻から突然、離婚したいと言われたと、悄然と肩を落として語る男性の言葉であった。

私たちは、妻（夫）、親、子供、孫などのごく身近にいる人が、どのようなものの考え方をしているかの大よそは推察できていると思っているので、その推察の範囲内で忖度して相手と対応していることが少なくない。そして、ほとんどの場合、何ごともなく平穏無事に物事が推移するのだが、稀にそんな推察からは考えも及ばないような事態が突発的に起きて、愕然となることがある。

そんな場面に直面するたびに、どんなに近しい人でもその人のほんの一部分しかわかっていなかったことを痛感するのだが、学習効果もなく、すぐに忘れてしまう。

「秋深し、隣は何をする人ぞ」と芭蕉が詠んだ風情とは大分異なるとは思うが、実際、長年住んでいる隣近所の人たちについても、知っていることはごくわずかである。都会の集合住宅に住んでいる人が、隣の人の名前も知らないし、顔もまともに見たことがないと言っても、まあ、そんなもんだろうと受け止めてしまうほど、周囲の人たちへの関心が薄くなってきている。

こんなことは考えたくもないのだが、近所にいる人がとんでもない犯罪を引き起こして、自分や家族にも被害が及ぶかもしれないことを想定して、知らぬが地獄にならないように、周辺の情報を集める心構えを怠らないことである。

高齢者は元気な人ほど体力に関して過大評価しがちである。テニス、野球、サッカー、トレッキング、登山などを体力の限界ぎりぎりのところで、ときにはこれを大きく凌駕して行っていると思われる人がいる。そのような人の多くは年齢を感じさせないほどの活気に満ちていて、周囲の人たちから驚異の目で見られている。だが、ここで留意しておかなくてはならないことがある。高齢になると若いときより体力の限界の幅が極端に狭くなっているので、自分ではまだ平気だと思っていると、突然、生命を脅かすリスク領域に足を踏み込んでしまう可能性があることである。

自分の認知能力については辛めに評価すべきである。後期高齢期に入れば、認知能力は最盛期の半分以下になっていると考えておいたほうがいいと思っている。私自身、本や新聞を読んでいて、一読してすぐに理解できずに、何度か繰り返して読むことが増えているし、思考の回転も恐ろしいほど鈍くなっている。

認知機能は高齢になるにつれて誰でも低下してくる。そこにつけこんで、オレオレ詐欺が忍び込んでくる。絶対にそんな詐欺などには引っかからないと自信を持っていても、その自信そのものが認知機能の低下の影響を受けていることがあるので、いとも簡単に騙されてしまうのであろう。私はかなり前から認知機能の低下に気づいていているので、ちょっとしたことでも自分一人で決めることなどしないで、家内や子供たちに相談することにしている。実際、これまでにそうすることで物事がよい方向に転回したことがいくつもある。

健康だと頑なに信じて医者との関わりを持たない高齢者が、たまたま受けた健康診断で、高度な心肥大を伴う高血圧であったり、末期がんと判定されたのをこれまでに何人も診てきた。いずれも早期に診断され、適切に治療を受けていれば、このような段階にまで進まずにすんだと悔やまれた。知らぬが地獄だった。

また、これとは正反対に、自分の体の粗探しに懸命になって医者通いをしているのではないかと思われる患者さんもいる。このような患者さんは、診察と検査をして、高齢であることを考えれば、この程度の症状や徴候や検査結果ならとくに問題ないと説明しても、何度も同じような愁訴で訪れてくる。自分の体の実態を理解できずに悩んでいるのは明らかなので、その都度、診察して検査をして説明しているのだが、不安を払拭できずに暗い顔をしている。

そこで、こんなことで残り少ない人生の貴重な時間を費やすのはもったいないから、とりあえず体の心配は医者に任せておいて、もっと楽しいことに時間を使うように勧めるのだが、思うようにいかないのがほとんどである。これも知らぬが地獄である。

どっちがいいのか？

生死を分かつ二つの扉

どんな治療法にも、メリットとデメリットがある。
老医ゆえに一層、最前線の知見に目を配る。

どっちがいいかな、と迷うことはしょっちゅうあるが、たいていはそう深くは考えないでどちらかに決めている。そうしているのは、どちらに決めても大した違いがないだろうと予想しているからである。

家にいる日は成り行き任せで時間に便乗して行動することが多い。それでも、散歩に出るか出ないか、気合をいれて専門誌を読むかのんびり小説を読むか、執筆に専念するかだらけて過ごすか、などの二者択一の選択がないではない。

外出する日は、どっちがいいかの選択がいくつもあって、これが結構楽しいのである。服装を黒色系にするか茶色系にするかをまず決める。そして、どちらかに決めたら、どこへ、何の目的で行くかでスーツを選び、それに合ったワイシャツ、ネクタイ、靴下、靴を決める。その各々のステップで大抵は二つに候補を絞り、その中のどちらかを選択することになる。

そんな呑気な選択ではなく、どっちを選ぶかで運命が大きく変ることもある。学生のころ、確か教養課程での英語の副読本として、百年以上も前にF・R・ストックトンが書いた『女か虎か?』という物語を読んだことがある。これは、どちらを選ぶかで生か死が決まるという、奇想天外なこんなミステリアスなストーリーである。


昔、ある国に野蛮な王様がいて、壮大な円形闘技場を造った。その闘技場の一方の端には、二つの扉があって、一つの扉の奥には、狂暴なトラが潜んでおり、もう一方の扉の奥には美しい娘がいる。王様の命令に背いた者は闘技場に引き出されて、二つの扉の一つを開けるように命じられる。虎の扉を開ければ、たちまち虎に食いちぎられて絶命することになるし、美女の扉を開ければ、許されて美女を自分のものにすることができる。

ある年のこと、とんでもない事件が起きた。王様が溺愛している一人娘の王女が身分の卑しい若者と恋に落ち、それが王様にバレてしまったのである。激怒した王様はその若者を超満員の闘技場に引き出した。観客はもちろん誰一人として、どちらの扉の奥に虎が潜んでいるのか知らされていない。

しかし、王女はそれを知っていた。王女は、獰猛な虎が愛する若者を食い殺す光景を想像すると、失神しそうになった。その一方で、美しい娘が若者と一緒になることを想像すると、嫉妬で気が狂いそうになった。

王女は、手に入れた秘密を若者に教えてやるべきかどうか、迷いに迷った。そして、ついに決断した。闘技場に引きずり出された若者に、王女は密かな手の動きでその秘密を若者に伝えた。王女が若者に教えたのは、はたして美しい娘がいる扉だったのだろうか、それとも、獰猛な虎が潜んでいる扉だったのだろうか。若者が一つの扉を開いた瞬間で物語が終わっている。そのどちらかは読者の想像に任せたのである。


この物語の中の生死を分かつ二つの扉に匹敵する、二つの扉の前に立つことになる患者さんもいる。がんと診断された患者さんが手術を受けるか、受けないで保存的な治療にするか、抗がん剤や放射線治療を受けるか、受けないかなど、まさに生死にかかわるどちらかの扉を、患者さん自身が開かなくてはならない。そのどちらのほうがベターなのかの判断に参考になる意見や資料は当然、医者から提供される。

そんな資料の一つとして、平成十九年と二十年に国立がん研究センターで受診したがん患者さんのうちの七十歳以上の千五百人について、肺・胃・大腸・乳房・肝臓の部位別にカルテを精査したところ、抗がん剤治療と生存期間との間には明らかな有意な相関は認められなかった。また、七十五歳以上の肺がん患者さんでは、四十ヶ月以上生存したのは、抗がん剤治療を受けなかった者のみであったという調査結果なども含まれていた。

患者さんは、担当医の意見や提示された資料が信頼できるか、それと正反対の医者の意見や調査結果もあるのではないかなど、どちらを選択するかで大いに悩むはずである。その際、セカンドオピニオンを受けてから最終判断を下すチョイスもある。だが、前医と同じ判断なら決断が一歩前へ進むが、もし、前医と異なる結論の場合には、どちらを信用するかを判断しなくてはならず、さらに混迷が深まる。

また、手術を受けると決めた場合でも、手術を勧められた病院で受けるか、それとも別の病院で受けるかの、二つの扉のいずれかを決めるのも患者さんである。

脊柱管狭窄症や変形性膝関節症で悩んでいる高齢の患者さんの多くは、手術的治療を受けるか、それとも手術を受けずに薬や注射や理学療法などの保存的治療にするかの二者択一の選択を迫られる。どちらの治療法にも、メリット、デメリットがある。そのどちらにするかの最終的な判断は患者さん自身が決めなくてはならないのだが、担当医のアドバイスが患者さんの判断に大きな影響を及ぼすことになるので、担当医は「虎か女か」の状況下に立たされているような緊迫した心境になる。

患者さんに適切な指示を与えられるためには、老医といえども、いや、老医なるが故により一層、最前線の知見に常に目を配っていなくてはならないと自戒している。

関心が肝心

周囲の人々と、互いの存在を穏やかに認め合う

人のために何かをすることで、自分を支える。
それが生きる力につながる。

面と向かって悪口を言われれば、それに対して反論もできるし、場合によっては、自分の非を認めて謝罪することもできる。だが、自分の存在がまったく無視されて、目を向けられることも、口もきいてもらえない状況下に長くいると、誰にも望まれていないと感じて人は深く傷つく。

そのような境遇に追い込まれている人は、マザー・テレサの名言として知られている「愛の反対は憎しみではなく、無関心である」ことを痛感しているに違いない。人は他人《ひと》が自分に関心を持ってくれていると感じるとき、生きる力を得ることができるのである。

相手の存在を無視する「シカト」（花札の十月の絵柄が鹿が横を向いていることから、そっぽを向くことや無視することをシカトする、というようになった）は、子供の間だけの陰湿ないじめではなく、大人の社会でも、まるで昔の「村八分」のように周囲から一斉に無視されたり、仕事から干されたり、窓際に追いやられたりすることがある。また、ホームレス、発展途上国からの居住者、独居している低所得の高齢者もシカトされやすい状況にある、といえなくもない。

仕事の第一線から身を引いた高齢者は、かつて活躍していた社会からは、注目されることも、関心を持たれることもなくなっている、という現実を厳粛に受け止めておくべきである。ところが、まだ自分に大きな関心が向けられていると思い込んでいて、そうではないという厳しい現実に晒された人は、親しい仲間たちからシカトされたような惨めな思いをすることになる。仕事の切れ目が縁の切れ目とドライに割り切ったほうが気が楽である。

「ふるさとは　遠きにありて思ふもの　そして悲しくうたふもの」（室生犀星）と詠《よ》まれた故郷を思う慨嘆の心情には、長年熱く過ごしてきた職場をあとにした心境と相通ずるものがあるように思われる。

とはいえ、世の中、「捨てる神あれば拾う神あり」で、まわりをじっくりと見わたしてみると、新しい仕事、ボランティア活動、教養講座、カルチャー教室、町内会の活動、スポーツジムなど、これまでとはまるで違った社会の門戸がいくつも大きく開かれているのに気づくはずである。そんな中から、いくつか選んで、様子を見に立ち寄ってみて、居心地がよさそうならしばらくそこにいさせてもらい、嫌になったらそっと抜け出せばいい。

これまでの自分を知らない人たちがいる社会に入ることは、ちょっとしたスリルでもあり、また楽しみでもある。私たちは、自分をどのようにでも変えて、その社会に入ることができるのである。私は家の近くにあるスポーツジムには現役のころから、もう三十年以上も通っている。ここ十年近くは高齢者が多く集まる午前中に行くことにしている。

そこで出会う人たちとは、同じ時代を背負ってきているという親近感と、これまでの社会的なつながりがないという気安さがあるので、一緒にいても堅苦しさを感じないですんでいる。上下関係も利害関係も社会的格差もない平坦な人間関係のもとで、お互いの存在をやさしく認め合っていることで穏やかな気分になれる。ただそれだけのことなのだが、ここに来ていることが老いの空白の一部を埋めるのに役立っているのである。

高齢になると、ややもすると自分のことだけに、とくに自分の体の不調についてだけに関心が集中して、他のことへの関心が希薄になってきがちである。最近では、クラス会などの会合での各自の近況報告に先立って、司会者から孫の話と自分の病気の話はしないようにと注意されることが多いらしい。だが、その注意にかろうじて従っているのは最初の数人だけで、やがて孫の自慢話と病気の話のオンパレードになってしまう。

自分の体の不調は大きな関心事であることには間違いないが、そのことだけに残り少ない自分の持ち時間の大半を費やしてしまうのはあまりにもったいない。かかりつけ医と密接な関係を保つことで、体の心配に割く時間を大幅にカットできるはずである。そうなれば、やりたいことの範囲をもっと広げることが可能になる。

私の外来に高血圧で通院している七十四歳の小柄な女性は、長年にわたり関節リウマチの治療も受けており、この病気によるかなりの愁訴もあるのだが、担当医の助言を信頼して、それを前向きに受け入れている。この女性はなかなかできない三つのことを長年にわたってやり続けている。それは、家の前の百メートルほどの坂道を毎朝七、八回、百人一首を暗誦しながら上り下りの運動をし、その間に登校中の小学生に「おはよう!」の呼びかけをするのを日課にしていることである。それほど急な坂道ではなく、ゆっくりとしたペースでしているそうだが、一回二百メートルとして、およそ千五百メートルにもなる。高齢者にとっては相当ハードな運動である。

そして、百人一首を初めから暗誦するより最後から暗誦するほうが難しいので、脳トレにはより効果的であるとして最後からの暗誦を実行している。この暗誦を毎日続けているので、何番の歌は何かと訊かれればすぐに口から出てくるのだそうだ。

「先生、今日は何日でしたっけ」

「四月十日ですね」

「それでは、四番と十番の歌を言いましょうか。四番は、『田子の浦に打ち出《い》でてみれば白妙の富士の高嶺《たかね》に雪は降りつつ』山辺赤人、十番は『これやこの行《ゆ》くも帰るも別れては知るも知らぬもあふ坂の関』蟬丸、ですね」

まるで録音されたテープから淀みなく流れてくるようだった。

これだけでも瞠目に値することなのだが、さらに登校中の子供の一人ひとりに、「おはよう！」と声をかけて見送っているのである。子供たちは坂道をこつこつと上り下りしているこの高齢の女性と会うたびに、自分たちも頑張らなくてはと思うだろうし、また、たったひと言の「おはよう」というやさしい言葉がかくも心を和ませてくれるものかと、意識の下で感得しているに違いない。この女性も児童たちから、「おはようございます」と健康的で明るい返事の声を聞くことで、元気のオーラを全身に浴びているのであろう。

人から何かをしてもらって自分を支えることもあるし、また、人のために何かをすることで自分を支えることもある。高齢になると自己中心的になりがちになるが、周囲の人たちに穏やかな関心の目を注ぐことは、高齢者の義務として心得ておくべきだと思う。

身の程を知ろう

自己評価と世間での評価との差を受けとめる

自分の能力は、辛めに査定したほうがいい。
周囲の助言に耳を傾け、踏みとどまる努力を。

他人から「身の程を知れよ。自分を何様だと思っているんだ」などと、あからさまに言われるようなことはまずないだろうとは思うが、それでも心の中ではそう呟かれているかもしれないような状況はあり得る。そんな状況の一つは、あまりにも相手に接近しすぎて、つい余計な提言や忠告めいたことを口にしたときである。

私自身そんなとき、相手の表情からそう思っているに違いないと読み取って、あわててその場を繕ってはみたものの、後味の悪さがなかなか消えなかったことが記憶の中にいくつもある。

人間関係には、どんなに親しい間柄であっても、適度な距離を保つことが必要であり、接近しすぎると風通しが悪くなり、多分相手もそうだと思うが、ときにはうっとうしさを感じるようになる。身の程というのは自分の身分や能力の程度をいうのだが、その人の置かれている、そのときどきの社会的背景によって異なってくる。

大抵の人は、どん底のうつ状態でないかぎり、自己評価は世間一般の評価よりは高くなりがちである。この両者間の乖離は高齢になると一層大きくなる。今ではもうそんなことはほとんどないが、それでも、何かの拍子に最盛期の自己評価が突然甦ってきて、危うく現況とかけ離れた言動に出てしまいそうなときがある。そんなときは、自分に向かって「身の程を知れ」と一喝して心を静めることにしている。

サラリーマンは、社内での身分が職場の地位によって明らかなので、身の程を知ることは、それを納得するしないは別にして、比較的容易である。またそのころは、社会全体の中で、自分がどのくらいの位置にいるかの大よその判断は、世間一般の目線から見た評価とそれほど大きな違いがないことが多い。

ところが、定年退職してからは、周囲からの自分の評価がもはや特別なものではなく、世間並みのレベルになってきているのに対して、自己評価は以前とそれほど変らないでいる人も少なくない。

周囲の人たちとの付き合いの中で、今の立場ならそれほど大仰に考えなくてもいいようなことで、批判的なことを人から言われたときなどに、突然、昔の自分が甦ってきて、「身の程を知れ」と居丈高に叫びたい衝動に駆られることがあるとこぼす人がいるが、わかる気がする。

さまざまな行為に対して、今の自分の能力を辛めに査定したほうがいい。高齢者による車の人身事故が跡を絶たない。高齢にもかかわらず車の運転を続けている人の多くは、車がないと生活に支障をきたすことになるのだろう。しかし、人身事故を起こした場合の想像を絶する悲惨な状況を思い浮かべて、車を運転しないですむための工夫を真剣に検討すべきである。

私は何年か前に車の免許証を返納した。これでもう車の運転で人を傷つける心配から解放されたと思うと気持ちがぐっと楽になった。私は車の運転が好きなほうではなかったし、それにもともとの運転の拙《つたな》さが年々ひどくなっていることを子供たちから指摘され、自覚もしていた。それでも家の近くを運転するくらいならまだ大丈夫だと思っていた。

ところが、小雨がぱらついていたある朝、スポーツジムに出かける途中の十字路で、一時停止した状態から直進し始めたとき、右から来た車と衝突してしまった。右から近づいてくる車を遠くに見て、今ならまだ直進しても大丈夫と判断したのだが、相手の車のスピードは予想以上に速かったことと、私の運転がのろのろしていたこととが重なって衝突してしまったのである。

双方に怪我はなく、車の破損だけですんだのは、まさに不幸中の幸いだった。私はこの事故を「身の程を知れ」という神からの啓示とみて、車を処分し、運転することを放棄したのである。

これくらいならまだできると思っていて、実はもう無理な状態になっているのに気づかず、身の程を知らないままでいることが少なくないのではなかろうか。

「これまでに何度も登っている山なので、私にとっては庭のようなものなんです。老いたりとはいえ、まだ若者に後れをとることはないはずです」

「マラソンはもう病みつきになっていて、国内の大きなレースにはできるだけ参加するようにしています。周囲からは年を考えてやめろとうるさく言われているんですが、自分ではまだ当分はやめるつもりはありません」

「ちょっと長い海外旅行になりますが、自分なりに健康管理に注意しながら無理をしないようにします。とはいえ、年を考えるとこれが最後かなとは思っています」

高齢の患者さんからこんな話を耳にすると、称揚したい一面もあるにはある。だがそれにもまして、命の危うさを感じて、話の流れに逆らうような苦言を医者の務めと心得て、あえて口にしている。

私は二十年以上続けてきたエアロビクスを、身の程を上回っているとして諦め、今は高齢者向きの筋トレとゆっくりとしたスイミングに切り替えている。本当のところは、まだ初心者クラスのエアロビくらいの体力ならまだ十分あるとは思っているのだが、頭の隅のほうから「身の程を知れ」という声が聞こえてきそうなので、踏みとどまっている。

壊れやすい体にするな

老化に伴う脆弱な健康状態「フレイル」に注意

「フレイル」にならないために、
筋力・体力の低下を防ぐ。
食生活に気をつけ、脳トレをこまめに。

何かが高いところから下に落ちて粉々に壊れるのを見ると、ふと、「割れて砕けて避けて散るかも」という和歌の一部が思い浮かんでくる。これは言うまでもなく、源実朝の和歌、「大海《おほうみ》の磯もとどろに寄する波　割れて砕けて裂けて散るかも」の下の句である。私の着想はこの和歌が描く雄大な場景を思い浮かべるからではなく、物が落ちて壊れていくプロセスを「割れて砕けて裂けて散る」と小気味よく端的に描出しているのが気に入っているからである。

今、私が「割れて砕けて裂けて散るかも」と感じるのは、高齢者がちょっと転んだだけでいとも簡単に骨折することである。

「転んだとき、ポキンと骨が割れる音がしたんです」

こんな経験をした高齢の患者さんは、自分の体がまるでガラス細工のように思われて、動くのが怖くてしかたがないとこぼしていた。その人は骨密度や骨質が低下している明らかな骨粗しょう症であり、転倒しないように厳重に注意しなくてはならない。だが、転倒することを恐れて動かないようにしていれば、下肢を支える筋肉が衰え、骨粗しょう症の程度がさらに悪化することになる。そうなればまさしくガラス細工のようになってしまう。

高齢者が要介護状態になる過程には、脳卒中や骨折などの意図しない出来事が原因で衰弱、筋力の低下、活動性の低下、精神機能の低下、認知機能の低下などの健康障害を起こしやすい脆弱な状態を経ることが多い。このような状態を日本老年医学会は「フレイル」として提唱している。

フレイルとは聞きなれない言葉だが、海外の老年医学の分野で使用されている「Frailty《フレイルティ》」（脆弱）に対する日本語の名称である。飛行機に乗るとき、預ける鞄の中にノートパソコンや壊れやすいものを入れるとき、「壊れ物につき注意」という「Fragile《フラジャイル》」（壊れやすい）というステッカーを添付してもらうことができるが、フレイルとはそれと同じような言葉で、「壊れやすい」状態であることを示している。

病名は大抵、心筋梗塞、脳出血、肺炎、胃潰瘍などと病理・解剖学的な名称がつけられているが、「フレイル」（脆弱）のように病状や症状を病名にすることはあまりない。病名に、いいも悪いもないようなものだが、それにしても、脆弱、壊れやすいことを表す「フレイル」とは何とも気味の悪い病名ではある。

「フレイル」の診断基準としてはいろいろなものがあるが、ここでは「フレイルの評価方法」（J-CHS基準）を以下に紹介しておく。この五つの基準の中の三項目以上が該当するとフレイル、一または二項目だけの場合はフレイルの前段階としてプレフレイル、そしてゼロ項目の場合に健常と判断される。

（1）体重減少：六ヶ月で二、三kg以上の体重減少
（2）筋力低下：握力　男性＜二十六kg、女性＜十八kg
（3）疲労感：ここ二週間、わけもなく疲れたような感じがする
（4）歩行速度：通常歩行速度＜一・〇m／秒

（5）身体活動：①軽い運動・体操をしていますか？　②定期的な運動・スポーツをしていますか？　上記の二つのいずれも「していない」と回答

この基準を自分に当てはめてみると、今の段階ではすべてクリアしているのでフレイルではないが、この先どうなるかの一抹の不安が残る。

フレイルの状態では体力や筋力が低下しているので、外出したり食事の用意をしたりするのが億劫になる。そうなると、人と接する機会が少なくなり、食生活のバランスが崩れて、ますます衰弱し、さらには判断力・認知機能が低下してくる、ということが悪循環になって襲ってくる。

フレイルにならないためには、まず第一に、筋力・体力の低下を防ぐ必要がある。それには、たんぱく質・ミネラル・ビタミンが十分含まれている食事をすること、そして、ストレッチ・ウォーキング・筋トレなどの運動をすることである。さらに、読み・書き・お喋りの脳トレをこまめにすることも大切である。

ここで言うフレイルとは異なるが、体のあちこちの部品に老化に伴う「脆さ」を認めることがある。ある日、何気なく左の手背を見たとき、直径五センチくらいの円形の紫色の斑点のような大きなアザが目に入った。いかにも痛々しそうに見えたが、少し上から強く押すとごく軽い痛みがある程度で、自発痛はまるでなかった。これは何かにぶつけてできた皮下出血が原因で生じた老人性紫斑であることは明らかだったが、いつぶつけたのかはまったくわからなかった。そうなると、ぶつけたという記憶がないほどの軽微な衝撃だったのであろう。

高齢になると血管を保護しているコラーゲンや脂肪組織が減少し、皮膚はだんだんと薄くなり、血管を保護する作用が低下することになる。しかも、血管自体も脆くなるので、わずかな衝撃が加わるだけで皮下出血が生じる。その皮下出血が薄くなった皮膚から紫色の斑点として透けて見えるのである。

これまでに多くの高齢者から老人性紫斑について問われ、それに答えてきたことを、今度は自分に向かって、そういうことなんだよな、と言いきかせている。

病気かもしれない症候群

病気の早期発見は、患者自身にかかっている

「病気ではないか」と自分自身に疑いの目を向け、早期発見、早期治療に努める。

学生のころ、講義で聴いている疾患の病状が自分にもあると思えてくることがよくあった。そう思っていると、ますますそのように思えてきて、すでに医師になっていた運動部の先輩にそのことを話して笑われたことが何度もあった。

とくに精神神経科の講義では、どの疾患の症状も自分に当てはまるような気になった。そう思うのは私だけではなく、友人の多くがひょっとしたら自分もそうなのではないか、と一瞬そう思ったそうだ。

あれは二年間の教養課程を終えて医学部に進学した年の夏休みに、伊豆の土肥温泉にあった慶應堂病院（現在は廃院）へ友人と二人で病院実習に行ったときのことだった。夏休み前には解剖学や病理学などの基礎医学系の講義が多い中で、唯一、臨床系の講義として内科診断学があった。

内科診断学では診察する上での基礎的な診断法を学ぶのだが、その講義もまだ始まったばかりなので、臨床的な知識など皆無に等しかった。それでも、腹部の診察で得られる徴候や症状からどのような疾患が考えられるか、などの大よそは頭に入っていた。

慶應堂病院のすぐ裏が海水浴場になっていて、実習のかたわら、存分に海水浴を愉しめ、先輩医師たちが厚くもてなしてくれるので、パラダイスにいるような日々を過ごせるという話が先輩たちからの申し送りであった。だが、そうはならなかった。あとになって、ここでの体験が循環器を専門にするきっかけになったのだが、そのときはパラダイスどころかまるで地獄にいるようだった。

病院に着いてすぐに、大学から出向していた先輩医師から、心電図に興味があるかと訊かれた。将来父親の跡をついで耳鼻科を専攻することにしていた友人は、即座に「ありません」と言ったが、私は「ありません」と言うのが憚《はばか》られて、つい「あります」と答えてしまった。そのひと言で心電図の猛特訓を連日連夜受けることになった。

一方、友人は連日連夜まさに天国にいるように優雅に過ごすことになったのである。

特訓は、心電図の難解な専門書を精読しながらの、先輩医師からの質疑に応答するという厳しいものだった。未知の分野に挑戦していることは魅力的でもあり、懸命に指導してくれている先輩医師の期待に応えなくてはならないという気持ちもあって、がむしゃらに勉強した。

それがかなりのストレスになっていたのだと思う。そんな猛特訓が始まって数日経ったころから、上腹部にズキズキする痛みを認めるようになった。この痛みは空腹時に強くなり、食後にはほとんど認めなくなった。この症状は私の数少ない内科診断学からの知識では、まず第一に十二指腸潰瘍を疑わなくてはならないことになる。

先輩医師に話したところ、胃炎だと思うがいい勉強になるからと言って、胃のレントゲン検査をしてくれた。その結果はなんと、レントゲン写真上に、十二指腸に潰瘍の存在を示唆するニッシェ（ドイツ語で胃の内壁の窪みにたまったバリウムの像を意味する）がはっきりと描出されたのである。このときは私の診断がまぐれに的中したに過ぎなかったのだが、ちょっとした自信にもなった。

だが、実際には診断に到達するまでのプロセスはそんな単純なものではなく、症状・徴候・検査から、考えられる多くの疾患を綿密に鑑別診断して、最終的に自分なりの診断を下すことになる。そのためには個々の疾患について幅広い正確な知識が身についていなくてはならない。そのことを実感するようになるのは、ずっとあとになってからであり、駆け出しの医学生には考えも及ばないことだった。

医者は「人を見たら、何か病気があるのではないか」と疑いの目を向けるのが習性になっている。私は、その疑いの目を自分自身に向けることで、それまで気がつかなかった病気の早期発見につながるとして、内科診断法の基本的技法をテレビ（テレビ朝日「モーニングショー」での「朝の診断室」というコーナーや、日本テレビの「午後は○○思いッきりテレビ」など）や書籍（『あなたにもできる内科診断法』（講談社）、『家庭でできる1分間健康診断』（ごま書房）など）を介して開示することに努めてきた。

私がこの啓蒙活動を盛んにしていたときには、自分の体の異常を発見して早期に治療することができたという、うれしい報告が数多く届けられていた。患者さん自身が体の変調に気づいて医療機関を訪れて、はじめて病気かどうかの診断ができる。病気の早期発見は患者さん自身にかかっているのである。

だが、中にはあまりに自分の体に関心を持ちすぎて、ごく些細な体の変調を気にして、頻回に診察を受けに来る人が、とくに高齢者の間に、しばしば見受けられる。そのような人を「病気かもしれない症候群」と勝手に呼ぶことにしている。

この症候群の高齢者は、多くの人が日常的に認めているような症状や徴候から、がんや認知症ではないかと懸念して受診してくることが多い。そして、そうではないと診断されても、しばらくすると、やはり心配になったとして再度診察を受けに来る。このようなことが何度となく繰り返されるのである。

そんなとき、今度も大したことはないだろうと弛んだ気持ちになりそうになるが、何度目かの正直ということをこれまでに何度も経験したことを思い出して、その都度、初心に戻って、病気かもしれないと疑って対応するのを原則にしている。

年寄りの役割と心得

礼儀正しさは、高齢者の正装

和やかな顔を保ち、愛しみ《いつく》ある言葉で人と接する。
「和顔愛語」は、相手の笑顔を引き出す。

ふと目にした高齢者の立ち居振舞いや口のきき方などから、あのようにありたいと思うことも、また、ああはなりたくないと目をそむけたくなることもある。そのことがきっかけになって、これまで出会った人たちの中から、あの人はああだった、こうだったと、見習いたい人や反面教師として受け止めている人の何人かが頭に浮かんでくる。

今さらを今からに変える老いの心得、などと大仰なことを言うつもりはないが、それでも、見苦しくない、かっこいい年寄りを演じて過ごしたいという思いはいつも心の中にある。

高齢者はとかく陰気な存在である。ごく普通にしているつもりでも、傍からは暗く見える、と言われるのもわからないではない。私もそう見られているとわかっているので、人前では、内心ではそんな気分でないときでも、ともかく明るく振舞うようにしている。

「もういつ死んでもおかしくない年なんだから」とか、「そろそろお迎えが来るんじゃないかと思ってね」など、ちょっとだけ相手の同情を買う気持ちがあったとしても、そう深い意味があって言ったわけではないのに、それを聞いている若い人は、だから年寄りのそばにいるのは嫌なんだ、という気分になるに違いないのである。縁起でもないと人から言われるようなことは軽々に口にしないほうがいい。


何かをしようとするときは、まず、人に頼らず自分ですることを考え、それができそうにないときは、そのかわりになることで自分にもできそうなことがないかを探してみる。それも駄目そうなら、諦めてやらないことを第一選択肢にしている。それでも、どうしてもそれをやりたい、やらなくてはならないと思うときに限っては人に頼る、という姿勢を崩さないように心がけている。

その一方で、人の手助けになることがあれば、手を貸すようにしようと思っている。

それは、高齢者ができる仕事の主体が手助けだからである。その際、その手助けがひとりよがりになっていないか、押しつけがましくなっていないか、かえって迷惑になるのではないか、などの配慮を忘れないようにしている。

年をとると見場をあまり気にしなくなる傾向が、とくに男性にはよく見られる。朝起きてすぐに身支度をきちんと整えることをしないで、髪は寝癖がついたままのぼさぼさで、髭もそらず、家にいるときは、パジャマやステテコやトレパンで過ごし、外出するときも、家にいるときとそれほど変らない無造作なままとなる。

この年になって、今さら人目を気にしてオシャレをしたってしょうがないではないか、と思っている人もいるかもしれない。だが、オシャレは人のためならずで、確実に自分のためにもなっている。

オシャレをすると、いつもの自分よりずっとかっこよくなっていることに気づくはずである。そうなると、気分がしゃきっとし、背筋がすっと伸び、歩き方までが軽やかになる。そんな姿を見る周囲の人から、好感の目が注がれていることに気づけば、まんざらでない気分になる。

高齢者に似合うのは、和やかな顔を保ち、愛《いっく》しみのある言葉で人と接する、「和顔愛語」の姿勢であろう。周囲の人たちに和やかな気持ちを抱くようにすれば、おのずと和やかな顔になる。一方、少しでも嫌悪感を忍ばせていれば、そのままでいると和顔から遠ざかってしまうので、無理してでも和顔を繕うことである。和顔は相手の和顔を引き出し、その和顔が自分の作り物の和顔を本物に近づけてくれる。

穏やかで愛しみのある言葉は人を幸せにする。あの人のあのひと言で救われたという体験のある人は少なくないであろう。苦境に遭遇した折々に、近親者、先輩、友人、知人から励まされ、慰められた言葉の数々が、挫折寸前になっていた私を立ち上がらせてくれたことが度々あった。

高齢者はこれまでの経験から、このようなとき、どのような言葉で接することがその人にとって救いになるかを大よそながら推測することは可能である。言葉には大きな力がある。愛しみのある言葉で周囲の人たちと接することは高齢者の務めでもある。

年寄りだから多少の無礼は許されて当然とばかりに、粗雑な振舞いをしている場面を目撃することがある。そんなときの周囲の目は、年寄りだからしかたがない、と見ているものの、反面教師にしなくてはという思いにもなっている。礼儀正しい高齢者は、周囲の人たちから畏敬の念をもって見られ、一目も二目も置かれる存在になれる。

礼儀正しさは高齢者の正装だと思う。

第四章

老いの道を「同行大勢」で歩む

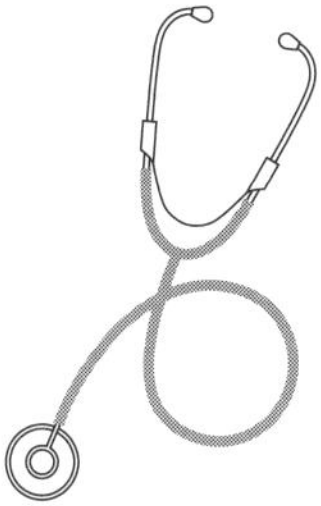

老いのかくれんぼ

老いに隠れていた若さが甦るとき

補聴器を替え、難聴が改善したとたん、
みるみる若返った患者さん。
何かを変えることで、生来の明るさを取り戻す。

大学に勤務していたころの昔の話だが、私が担当していた循環器特別外来に通院していた、年齢より十歳くらい老け込んでいた初老の女性が、ある日から急に若返ってきて、ついには実年齢より十歳以上も若く見えるようになり、目を見張ったことがある。その変貌は、老いの中に隠れていた若さが、まるでかくれんぼしていて鬼に見つかって、隠れていた場所から飛び出してきたような印象を私に与えた。

その女性は七歳上の夫と一緒に外来に診療を受けに来ていた。夫は喜寿を目前にした人で、還暦の年に急性心筋梗塞で一度入院したことがあった。退院後もときどき軽い狭心症のような胸痛があったが、おおむね良好の経過を辿っていて、月に一度、外来に通院していた。夫人は高血圧のために家の近くのクリニックで治療を受けていたが、夫の付き添いを兼ねて私の外来に来るようになっていた。

ところが、ある日、夫は早朝のジョギング中に激しい胸痛に見舞われ、近くにいた人の通報で救急病院へ搬送されたが救命されなかった。夫人は夫の死後、一時、うつ状態となり精神神経科で治療を受けたこともあった。

夫人は夫が亡くなってから、急に老け込んでしまった。夫と二人で外来に来ていたときは、いつも明るい色調のオシャレな洋服を着ていたのに、あまり衣服に気を配っているようには見えない格好で来るようになり、実年齢よりぐっと老けて見えるようになった。

そんな状態が三年ほど続いていたある日、おやっ、と思われる変化が夫人に現れた。それまでの半白の頭髪を栗色に染め、顔は控え目だが整った化粧をし、衣服はそれまでよりは明るい色調のものを身に着けていた。そして、何よりも私を驚かせたのは、話す声に生気を感じさせる響きがあったことである。そのとき、感じたことを率直に話して、その訳を訊くと、まあ、いろいろありまして、と言ってこんな話をした。

夫人は学生時代の友人から、いつまでも家に引っ込んでばかりいないでと、一緒に海外旅行へ行くことを強く勧められて、重い腰を上げてサンフランシスコとラスベガスへ行くツアーに参加した。この旅行には実に奇跡的な出会いが待っていた。そのツアーに参加していた一人の男性が夫人の小学校時代の同級生だったのである。

その男性は妻を何年か前に亡くしていて、ときどき、一人でツアー旅行に参加しているとのことだった。たまたま夕食のテーブルが一緒になったときから、まさかの話の展開になったのである。その出会いがきっかけで、帰国してからときどき会食するようになり、そして、二人でツアーに参加するまでになった。

夫人は見違えるように明るくなり、年齢を感じさせないほどになった。本気で異性に好意を抱くことで、年齢に関係なく人は生きる力を生み出すことができるのだと、そう思った。

「昨夜より思い出せずにいた名前、不意に出てくる老いのかくれんぼ」（「産経歌壇」二〇一六年十一月九日　田中成幸）と詠まれているように、長い間思い出せないでいた人や物や場所などの名前が、ある日突然、頭に浮かんでくることがある。こうして思い出してはみたものの、なんでそれを思い出そうとしていたのかはわからなくなっている。

クラス会に出ると、もうみんな紛れもない老人なのだが、よくよく見ると若いころの面影が二重写しのように浮き上がってきて、懐かしさがこみ上げてくる。これは、かくれんぼをしていて、ちょっと見ただけではどこにいるかわからないのに、よく見ると物影に潜んでいるのに気づいて、「見いつけた!」と大声で叫ぶときに似ている。

クラス会は、一人ひとりが鬼になって、老いの中に隠れている昔の友人を探し出す「かくれんぼ大会」のようなもので、年間スケジュールの中でも大切なイベントとして楽しみにしている。

だが年々、亡くなる人が出てきたり、あるいは体の不調を理由に欠席者が多くなってきて、そろそろクラス会開催にピリオドを打つことを考えなくてはならない事態になっている。多分、私と同世代の人では同じような状況になっているのではないだろうか。始めがあれば終わりがあることは自明のこととわかってはいるものの、やるせない気持ちになる。

耳の遠い人が補聴器をつけたのを契機に、それまで老いの中に閉じこもっていたような暗い存在から、まるで人が変ったように陽気になった高齢の女性がいる。その女性は高血圧の治療で外来に通院していた、七十代半ばの人でかなり高度の難聴で、いつも隣の診察室を気にしながら、大きな声で応対しなくてはならなかった。

この女性に、最近の出来事を忘れたり、日付や年度を間違えたり、趣味の手芸をしなくなったりなどの軽度ながら認知症の症状が出るようになり、娘さんが付き添ってくるようになった。もともとは話し好きの陽気な人だったのが、何年か前から難聴が出てきて、そのころから口数が少なくなり、明るさが消えてうつ気味の表情を帯び、物忘れの度合いが強くなった。

難聴が認知症の発症や進展に影響があるとされていることから、よく耳に合った精度の高い補聴器を装着することを勧めた。その女性はそれまでにいくつも補聴器を買って使っていたが、どれも具合が悪くてすぐに使うのをやめていた。

そこで大学病院の難聴外来で精密検査を受け、精度の高い補聴器を使用したところ、それがぴったりとその女性に合ったらしく、補聴器をいつもつけるようになった。その補聴器をつけ始めてから、みるみるうちにもともとの明るさが甦ってきて、よく話をするようになり、身に着けるものにも気を遣うようになってきて、十歳くらいは若返ったように見えるほどだった。

しかも、物忘れの度合いも軽くなり、また、趣味の手芸もするようになり、認知症の心配が少し遠のいたように思えた。難聴が改善されたことで、老いの中に隠れていた生来の明るさが表に出てきて、纏《まと》わりつこうとしていた認知症を追い払ったように思われた。

老いの奥深くにまだ隠されたままになっている、かもしれない、若いころのあの躍動的なエネルギーが、ほんの少しでもいいから表に出てきてくれないかと思う。その誘い水になればと、私は、スポーツジムで筋トレとスイミングに励んでいる。思い違いかもしれないが、わずかではあるが、その効果を感じている。老いのかくれんぼはまだまだ続いている。

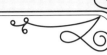

まだ、使い切っていないものがある

読書は、思考力と創造力を養う強力なサプリメント

身のまわりのもの、自分の中にあるものを、すべて使い切る思いで、毎日を活き活きと過ごす。

机の引き出しの中には、ボールペンのレフィルや万年筆のインク・カートリッジがいくつも使わないままになっている。

若いころ、ボールペンをよく使っていた時期があった。クロス、ウォーターマン、モンブラン、カランダッシュ、アウロラなどの名の通ったブランド品をいくつも取り揃えては気をよくしていた。そのおのおののレフィルをいつも何本か取り揃えておいたのだが、何種類かのボールペンをとっかえひっかえ使っていたので、レフィルに手をつけるほど使うことはほとんどなかった。

今ではもう、ときどき葉書を書くときやメモをとるときくらいにしかボールペンを使わないので、もったいないとは思うが手持ちのレフィルを全部使い切ることはまずないだろう。万年筆もウォーターマン、モンブラン、シェーファーなど気に入ったものがいくつもある。それぞれのインク・カートリッジがこのままではもったいないと思うほどたっぷりとある。

手紙を書くときには万年筆を使うことにしているが、その手紙を出す相手が少なくなっている。インク・カートリッジは万年筆に入れたままにしておくと、蒸発して空っぽになってしまう。いざ使おうとするとき、ペン先や内部が濃縮して固まったインクで詰まっているときがあるので、カートリッジを取り替えてもすぐには使いものにならないことがある。

そうならないために、つとめて万年筆を使って手紙を書くようにはしているが、それでもカートリッジを使い切ることができるかどうかはわからない。

旅先で買った絵葉書がかなり残っている。季節を背景にしたものが多いので、その季節に合わせてでないと使いづらいこともあって残っていたのであろう。でもこれはその気になれば使い切ることはできそうである。

記念切手もかなりある。切手蒐集の趣味があるわけではないが、長い間に何かの折に自分で買ったのか、あるいは人からもらったかしたものだろうが、このままにしておくのは宝の持ち腐れでもあるし、そうかといって、普通の切手のように使うのは惜しいような気もするし、さて、どうしようかと迷っている。でも当分の間は、特別な人に特別なことで手紙を出すときに使うことにして保管することにする。

一度も使っていないテレホンカードがまだ何枚も残っている。外出したときは携帯電話を使うので、今ではもう公衆電話を使うことは滅多にない。それにテレホンカードを使おうとしても、公衆電話自体が撤去されていることが多くて、なかなか見あたらない。

日本テレビ系の人気番組だった「午後は○○思いッきりテレビ」で、司会者のみのもんたさんはスタジオに訪れてきた観客にクイズの解答を求め、それに正解した人には彼の顔写真入りのテレホンカードを賞品としてプレゼントして喜ばれていた。

その番組には長年、出演していたのでスタッフからまとまった数のテレホンカードをもらっていた。そのテレホンカードを人にプレゼントすると大喜びされた。まだ、何枚か残っているが、今ではもうもらってもそう喜んでもらえそうもないので、自分で使うことにしている。旅先の駅や飛行場から家族に連絡するときに使うために、財布の中に何枚か入れてある。

自分の中に使い切れずに残っていて、まだ、少しは使い物になりそうだと自惚《うぬぼ》れているものに、思考力と創造力がある。思考するのに手を抜いていると、筋肉を動かさない状態を続けていると筋力が低下し、やがて使い物にならなくなるのと同様に、だんだんと思考力が低下し、認知機能までも低下するようになる。

「我思う、ゆえに我あり」（デカルト）、「人間は考える葦である」（パスカル）の名言に対して、若いころは、そんなの当たり前だろう、と深く考えもせずに軽く受け止めていた。高齢になってこの言葉に接するたびに、人間の尊厳を保つ要《かなめ》になっている思考から遠ざかっていはしまいか、と警告を受けている思いになる。

思考力を養うには、思考する対象を確保しておかなくてはならない。仕事中心にしてきた人は、思考の大半が向けられていた仕事から離れると、思考は開店休業に近い状態になりかねない。

読書は思考の水先案内をしてくれると同時に、思考力を増強させる強力なサプリメントにもなる。私の場合、十分といえるレベルからはほど遠いが、それでもまずまずの思考力にとどめてくれているのが読書であると思っている。

また、幸いなことに、思ったり、考えたり、感じたりすることを文章にするのが今の私には心地よい時間の過ごし方になっている。形あるものを創り上げる創造力は私にはまるっきり欠如しているのだが、それでも文を創造するエネルギーは細々ながら今でも消滅しないでいる。このエネルギー存続にも日々の読書が力を貸してくれている。

高齢者は、自分の好きなことをして過ごせるという贅沢に恵まれている。私は、身のまわりのものや自分の中にあるものをすべて使い切る思いで毎日を活き活きと過ごしたいと、意気込んでいる。

羨ましい人

年を重ねてなお、才能を開花させる人たち

若き日に追い求めたいくつかの夢。
羨ましいと思う心が、日常に生気を与える。

若いころは人が持っていて自分にはない有形、無形なものの中に、羨ましいと思っていたものがいくつもあった。今すぐその欲しいものを手にすることは無理でも、時間をかけてじっくり求め続けていれば、いつかそれを自分のものにするチャンスが巡ってくるかもしれないと夢見てきた。

今、振り返ってみると、そうして追い求めていたいくつかの夢を何とか手に入れることができたと思っている。それは長い時間と燃えたぎる情熱があったればこその結果であった。だが、この年になると、もうそんな情熱も時間も払底して残り少なくなっているが、それでも羨ましいと思う心は細々だがまだ息吹いている。

きびきびした動きをしている若者を見ると、いつもほれぼれと見入ってしまう。そして、若いって素晴らしいなあ、と傍に家内がいるときなどは声に出して言って、笑われている。

駅の階段を二段飛びで上ったり、早足で駆け下りたりしている人を見ると、ついこの間まではとは言わないが、そんなに遠くない昔には私もそうしていたのにと、年甲斐もなく羨ましくなる。早足で駆け下りるのは無理だとしても、二段飛びで上るくらいなら今でもできるのではないかと試してみたのだが、つんのめりそうになって、あわてて手すりにしがみついたことがあってからは諦めている。


しっかりとした趣味を持って、それを愉しんでいる高齢者は、無趣味の無粋者の私には眩しい存在である。趣味がないと年をとったときに退屈な日々を送ることになるという懸念から、趣味探しを何度も試みたものだが、結局は趣味として定着するものが見つからないまま今日に至ってしまった。

読書や音楽鑑賞は好きだが、それは長年にわたり日常的な生活の流れの中に自然に組み込まれているものなので、日常とは別世界である趣味としては感受できないのである。

楽器を弾ける人は羨ましさを通り越して、天才に思えてくる。私はピアノやバイオリンやチェロなどの楽器の手ほどきを受けるようなエレガントな環境からは程遠い、勉学中心の状況下に身を置いて若い時期を過ごしていたし、それ以降も仕事重視の生活を余儀なくされていたので、楽器を弾くなどは夢のまた夢のことと受け止めていた。今でも、オタマジャクシは楔形文字にも等しい解読不可能な記号にしか思えないのである。

一度もピアノのキーに触れたことのない、音楽とはまったく無縁だった人が定年退職してから、一念発起してピアノのレッスンを受けて、何年か後にいくつもの曲を弾けるようになったという、私には奇跡としか思えないような話を耳にしたことがある。それを成し遂げるためには、私にはない才能が埋蔵されていたのだろうとは思う。それにしても、忍従に耐えながら、気が遠くなるほどの時間をかけて、一歩、一歩、前進して、ようやく手にした成果なのであろうと思うと、羨ましいどころか畏怖の念を抱いてしまう。

私は生まれつきではないかと思われるほど無器用なので、器用な人を見るとつくづく羨ましいと思う。小学生のときの工作の授業ではいつも惨めな思いをしていたし、医学生のときは解剖実習でメスやハサミの使い方が上手くいかず、大事な神経や血管を切り落として、実地試験をメチャメチャにしてしまったこともあった。

外科実習の授業で手術の際の糸結びの練習をしているとき、あまりにも無様な私の手さばきを見て、見まわりをしていた実習助手の先輩医師から「君は外科には向いていそうにないなあ」とからかわれた。先輩医師から言われるまでもなく、もうそのころには外科系を志望するのは無理だと諦めてはいたが、あからさまにそう言われたのはちょっとショックではあった。

無器用な私が内科を専攻したのは正解だったが、私ができない手術をする外科医に対しては、今でもいささかの羨望と劣等感を抱いている。

子供のころからスポーツには興味がなかったし、自分には向いていないと思っていたので、羨ましいと思って周囲の人たちを見たことはそうはなかった。ところが今、羨ましいと思うときがある。それはスポーツジムのプールで目の前を見事なフォームで泳ぐ一人の高齢の男性を見るときである。

私がスポーツジムに行くのはウィークデーの午前中なので、ほとんどの人が中高年であり、男性はほぼ全員が定年退職した人である。プールに来ている人の八割が女性、二割が男性であるのは、筋トレやスタジオでエアロビのレッスンを受けている人と同じ比率である。

私が泳ぐのは二十五メートルの途中で休む人と二十五メートル泳いで休む人専用の初級者レーンである。そして、右側の一番外のレーンが歩行者専用であり、左側が二十五メートル以上続けて泳ぐ人用の中級者レーンになっている。

初級者レーンで泳いでいる人の多くは、もちろん私よりは上手に泳ぐが羨ましいと思うほどではなく、懸命に頑張って泳いでいる私とほぼ同類のスイマーである。ところがいつもは歩行者レーンでビート板を押しながら歩いている私よりは二、三歳は年上らしい高齢者がときどきだが初級者レーンに入ってきて、実にきれいなクロールのフォームで二十五メートルを往復泳いで、また、歩行者レーンに戻ることがある。

聞いたところによると、その人は還暦を過ぎてから初級からのスイミングクラスに入ってレッスンを受けたとのことであった。その人の見事なスイミングフォームを見るたびに、なんて格好がいいのだろうと、拍手を送りたい気持ちになる。

中級者レーンでのスイマーたちを見ていると、あの年で、どうしてあんなにも楽々と、きれいなフォームで、しかも休まずに長々と泳げるのかと、もはや羨ましいなどという真っ当な感情はどこかに吹き飛んでしまって、ただただ見とれてしまうのである。

友は異なもの、味なもの

人生の彩りを豊かにする友の存在

辛い時期を悪戦苦闘し、共に乗り切ってきた友は、
まさに戦友として生涯を通し、心の友になる。

若いころは活動範囲が広がるとともに、交際する仲間も外へ外へと遠心的に広がっていった。遠く離れたところにいる人とも、物理的な距離などあまり意識しないで行き来していた。

実際、今は日本全国の大抵のところは、飛行機や新幹線を使えば余裕で日帰りができる。ところが、それまでの活動の中核的な存在だった仕事から離れると、交際する人たちが求心的に縮小してくる。遠く離れている人でも会おうと思えばすぐに会いに行けるとわかってはいても、そこへ行くまでの時間ではなく、距離が大きく頭にのしかかってくる。そして、次第に遠方にいる人との交際が希薄になる。

人それぞれにいろいろな友だちがいて、人生の彩りを豊かなものにしている。幼友だちや竹馬の友といえる人は私にはもう誰もいないが、今も身近にいる人は幸せである。

二人の男性の高齢者が私の外来に高血圧の治療のために通院している。二人は縁戚関係ではないが同姓で、小学校からの竹馬の友であり、共に農業を営み、しかも昔から隣り合わせに居を構えている。二人共夫人に先立たれ、今は子供と同居している。最近、夫人を亡くしたほうの人が急に落ち込んで引きこもりがちになったのを、この竹馬の友が何かと面倒をみて外に連れ出し、私の外来にも自分の車で一緒に来ている。こんな友だちが近くにいればどんなにいいかといつも羨ましく思っている。

学友は気心を許せる貴重な存在である。だが、この年になると中学・高校時代の友人との間には時間的、社会的な空白の時間がありすぎて、現実へのつながりを難しくしている。大学時代の友はその後の社会的立場の違いを乗り越えて、同じ釜の飯を食った仲間同士という気持ちもあって、心のつながりを感じる。ゼミ仲間なら一層そうだろう。

同じ病院でインターンや研修をしたり、同じ臨床科に入った友とは強いつながりを感じている医者は多いだろう。辛い時期を悪戦苦闘して共に乗り切ってきた友は、まさに「戦友」として生涯を通しての心の友になる。

創設間もない、まだ卒業生を出していない大学に赴任して、循環器内科を立ち上げて孤軍奮闘していたとき、同じく胸部外科で苦闘していた同年輩の優秀な外科医と知り合った。彼とは当初から気が合って、何でも話し合える仲になった。先行きがまるで見えないで混沌としているとき、互いに励まし合って、臨床と研究に情熱を傾けている中で、信頼の絆を強めることができ、それが今日まで維持され、心友となっている。

現役時代に、公私ともに長きにわたり、親密な関係を保ち続けてきた仕事仲間でも、退職すれば次第に疎遠になっていく。内科学教授のころ、学会や研究会での活動や医学書の出版などを介して、全国の医科大学の多くのドクターたちと付き合っていたが、定年退職したのち、今でも交際を保っているといえる友人はごく限られている。仕事の切れ目が縁の切れ目で、多くの仲間は淡雪が陽を受けて消えていくように離れていった。

茶飲み友だち、飲み友だち、ゴルフ友だち、マージャン友だち、釣り友だち、囲碁・将棋友だち、旅友だち、(スポーツ)ジム友だち、同好会友だち(バードウォッチング、俳句・和歌、茶道・華道など)、メール友だちなど、仕事とは直接関係ない立場で親交してきた友人とは、退職後は現役のころよりむしろ親密に交流するようになる、と思う。

私には、これまでに海外旅行のグループツアーに家内と一緒に参加して、そこで知り合った人たちと、それ以降一緒に旅行をしたり、食事を共にしたり、季節の挨拶を交わしたりしている旅友が何人もいる。

また、家の近くのスポーツジムにはもう三十年近く通っていて、そこで親しく話を交わす人は何人もいるが、ゴルフも酒もマージャンもしない無趣味の私は、その先の付き合いができるまでのジム友にはなれないでいる。

親しい友人との間には、共通した雰囲気や価値観が自分にも傍目《はため》からも明らかであることが多いのだが、中には、どうしてあの二人があんなに上手く付き合っていられるのかが不思議でならない、と思われる人たちがいる。性格はまるで正反対だし、経済的にも社会的にも二人の間にはかなりの差があるし、趣味もまるで違っていて、共通点がまったく見当たらないように思われる。

それでもつかず離れずの付き合いが何十年も続いているという人たちを見ていると、二人にしかわからない、いや、二人にも定かにはわからない何かを共有しているか、補い合っているのだろう。

似ていない者同士が上手くいっていることを面白可笑《おか》しく演出するのは、ドラマを盛り上げる常套手段である。『水戸黄門漫遊記』の中の人当たりがよく、遊び好きな助さんと真面目でしっかり者の格さんや、アメリカのアクション映画『リーサル・ウエポン』で、有能だが破天荒なマーティン・リッグス刑事と善良で心配性の家庭人のロジャー・マータフ刑事がそうである。

そういえば、私にも似ていない者同士かもしれない、と思われる友人が何人もいる。

彼らとはつかず離れずの関係を保ちながら、もう何十年も、中には半世紀も続いているぽん友（朋友）になっている。友は異なもの、味なものである。

ウレサミ

うれしいけれどちょっと寂《さみ》しい気持ち

大きな仕事をなし終えたときの満足感と寂寥感。
濃密な人間関係が、記憶の奥に刻まれる。

うれしいけどちょっと寂《さみ》しいという気持ちを「ウレサミ」と縮めて言ってはどうだろうかと、閑《ひま》をもてあましている老人の戯言《ざれごと》だとは承知しているが、自分では結構面白いと気に入っている。「ウレサミ」と思われることはいろいろとある。

二人の小学生のいる娘の家族は、子供の学校の関係でウィークデイは私たちの家で過ごし、土日と祝日は自分たちのマンションに帰っている。日ごろは賑やかでうるさいほどだが、マンションに帰っている間は家内と二人っきりの静かな時間を過ごすことができて、うれしい気分にもなるのだが、その反面、家の中に空洞ができたようで何となく寂しく感じられる。とくに、夏休みや冬休みや春休みなどの長期の休みになると、ウレサミが強くなる。

私は、傘寿を前に車の運転免許証を返納した。運転免許証を返納する決心をするきっかけになったのは、衝突事故を起こしてしまったことである。幸いにも双方に目立った怪我はなく、車の破損だけですんだ。その事故の原因は、主として私の判断ミスと運転操作の遅速にあった。運転免許証を返納してみると、もうこれで車で人を傷つけることはないという安心感でうれしい気持ちにはなったが、その一方では、もう自分で運転して出かけられないという寂しさも感じられた。

車の運転はそれほど好きではなかったが、それでも五十年以上も運転してきたので、それが急にできなくなったと思うとやはり寂しくなる。ウレサミである。

長年使っていたものを処分して、新しいものに取り替えるときも、やはりウレサミになる。とくに、長年乗っていた車を新車に乗り換えるときはいつもそうだった。いざ、新車が届いてウキウキしているとき、前の車が引き取られていくのを見ると、あこれであの車ともお別れかと思うと寂しく思えてきた。

長年携わってきた仕事が完成したときには、当然、うれしさで心が満杯になるが、その一方で、もうこれでこの仕事に関わることがないと思うと、愛惜と寂寥を感じる。

数年がかりで、ときには出版社の会議室に深夜までこもって医書の編集作業を行い、ようやく完成したときには、快然とした気持ちになったが、その気持ちのすぐそばには、もうこれでお終いかと寂々たるものがあった。

島崎藤村の『夜明け前』、山岡荘八の『徳川家康』、司馬遼太郎の『翔ぶが如く』『坂の上の雲』などの長篇小説を読み終えたときもウレサミになった。長い月日をかけて読んでいると、その物語の中の中心人物のすぐそばにいて、喜怒哀楽を共にしているような気持ちになる。

そして、その物語を読み終えたときには、大きな仕事をなし終えた満足感が湧き上がってきて、快哉を叫びたくなる。だが、その後しばらくすると、もうその物語から離れてしまったという虚脱感と共に寂寞の思いにかられるのも本当である。

還暦を過ぎたばかりの女性の患者さんが、うれしいやら寂しいやらの複雑な気持ちなんです、と言ってこんな話をした。

その人は五年前に舅が亡くなってから、姑を引き取って一緒に暮すようになったのだが、気性の荒い、我儘な姑との間で小競り合いが絶えなかった。ところが、その姑が一年前に傘寿を迎えたころから、年齢相応を超える物忘れをするようになり、認知症と診断された。

その後、認知症の症状が次第にひどくなり、徘徊するようになったので、介護施設に入所することになった。日常生活を混乱の中に巻き込み続けていた姑がいなくなり、不謹慎と思いながらも、愉悦の感情を抑えることができずに興奮気味でいたそうである。

ところが何日か過ぎたころから、姑がいなくなったことに喪失感にも似た、漠とした寂しさを感じるようになったとのことだった。

「義母《はは》の世話で振り回されどおしの私でしたが、そんな義母に支えられてもいたのだと、今ではそう思っています」

こうウレサミを語る女性からは、優しさがこぼれ出ているように感じられた。

口やかましい上司が配置転換でいなくなって、飛び上がるほどうれしかったが、しばらくすると何となく寂しく感じられるようになった、と言う人もいた。

私にもそういう先輩がいた。フレッシュマンのころ、直接指導を受けた先輩は、何かにつけて小言を言い、指導するというより、いびることを愉しんでいるように思えるほどだった。

当時は封建的な雰囲気がまだ色濃く残っていて、先輩に口答えすることなどあり得ないことだったし、「忠臣蔵」の浅野内匠頭《たくみのかみ》が、何としてでも高家《こうけ》の吉良上野介《きらこうずけのすけ》から勅使饗応の作法を学ばなくてはならなかったのと同様に、先輩の指導が絶対に必要な時期でもあった。

松の廊下のような事態にはならずに、一年間の教育期間が過ぎて解放されたときには、欣喜雀躍《きんきじゃくやく》したのだが、しばらくすると、もうあの濃密な人間関係がなくなったかと思うと、うれしさに交じって妙に寂しくも感じたのだった。

そのほかにもウレサミの場面はいくらもあったが、中でも二人の娘の結婚は特別で、今は昔のことながら、記憶の奥に切ない思いと共に深く刻まれている。

私にもあのころ、あんなことがあった

ときどきは、
最盛期のころの昔に立ち戻る

こんな時代もあったのだと、
自分を鼓舞することが、心の芯に力を漲《みなぎ》らせる。

テレビ朝日の昼の帯番組『やすらぎの郷』（二〇一七年四月三日〜九月二十九日まで放映）には、石坂浩二、浅丘ルリ子、有馬稲子、加賀まりこなどの著名な俳優が多数出演していた。海沿いの風光明媚な広大な敷地に造られた、高級リゾート風の高齢者向けの施設が舞台になっている。

ドラマでは、一世を風靡した俳優たちのさまざまな人間模様が過去の栄光のエピソードを織り交ぜて描かれていて、見ている人の中には、そういえば、自分にもあれと同じようなことがあったなあ、とドラマの人物に自分を投影して感慨にふけった人も少なからずいたのではないだろうか。

このドラマに登場している人たちには、自分たちの華やかなりし時代を共有していることがやすらぎのもとになっているのだろう。今は世間から忘れさられた孤影に過ぎないと知りながらも、脚光を浴びていた当時の甘美な思いに浸ることで、寂しさを紛らせている様子が伺われ、他人事《ひとごと》とは思えない、もの悲しさを感じてしまった。

長いこと高齢者を続けていると、若かりしころの自分が本当に自分だったのだろうか、今の自分は一体、何者なのだろうかと思うときがある。過去をずるずると引きずっているとは思っていないのだが、心のどこかで最盛期のころの自分と比べて、今の自分が矮小な存在に感じられることはある。

そんなとき、精力的に活動していたことが如実に映し出されている昔の写真、たとえば、職場で働いているときに撮られたスナップ写真とか、部下たちに囲まれている記念写真などを取り出して、こんな時代もあったと自分を鼓舞することが、萎んだ気持ちに生気を吹き込み、心の安らぎを得るのに、馬鹿にならない効果を発揮している。

私の部屋には、病院の会議室で教室員一同と撮影した記念写真が何枚も本箱の上に置かれ、壁にも掛かっている。また、廊下の壁には、我が家の狭い庭で教室員を招いて毎年行っていたバーベキュー・パーティーの写真がずらりと掛けられている。そんな写真を見ると、一瞬、その当時のことが頭に去来してきて、エスプレッソ・コーヒーをぐいっと飲んだときのように、しゃきっとした気分になる。

政界を引退した数名の方をかなり長い年月、外来で診察していたことがあった。ときには、教授室で私が淹れた緑茶を飲みながら歓談した。

話が横道にそれるが、私は中学生のころからの年季の入った緑茶好きで、その当時、家で普段飲んでいる緑茶では満足できずに、小遣いをためて高級な緑茶を買って一人で飲んでいた変な少年だったのである。このお茶好きが出版社の目にとまって、『お茶学のすすめ』（講談社）を書いたり、テレビでお茶の効用や厚かましくもお茶の淹れ方などを何度か披露したこともあった。

私は、自慢ではないがお茶の淹れ方には自信があったし、それに一介の安サラリーマンの教授としては分不相応な上質の緑茶を飲んでいたので、私が淹れた緑茶を飲んで絶賛する客人は少なくなかった。

そんな私が淹れた緑茶を飲みながら、元政治家の方々は、ご自分が政界で活躍なさったころの出来事で、私が知らない政治の裏側を実に活き活きとした口調で話してくれた。政治に関しては、通り一遍の知識しかなかったし、それにそれほどの関心がなかった私だったが、さすがにベテランの政治家だと感心するような魅力的な口調で、気持ちよさそうに話している姿に引き込まれて耳を傾けた。

その元政治家の方々は、私と話をしながら頭の中では大活躍をしていた往時の場面の中に立ち戻っているのだろうと思われた。話がすんで部屋を出て行かれるときの姿が部屋に入ってこられたときより、生気に満ちているようにも感じられた。

私がよく出演していた、みのもんたさんの司会による日本テレビ系の「午後は◯◯思いッきりテレビ」で多くの著名な芸能人と一緒になった。この番組では四人の芸能人が出演し、前半の一時間は私がコメンテーター役として参加していた。番組がスタートする一時間くらい前に、スタジオのすぐ近くの控え室で、ディレクターによる出演者同士の顔合わせと簡単な打ち合わせが行われた。

この番組は二十年間続いたが、私は初めから（正確にはその前に山本コウタローさんが司会していたころから）終わりまで、出演回数ははっきりとは覚えていないが、月に二回も出演したこともあったので、平均して隔月に出演したとしても百二十回くらいにはなる。その間には、同じ芸能人とも何度も一緒になっていたので、その中の何人かとは、健康上の相談をされたり、仕事上の悩みを打ち明けられたりして、個人的なつながりを持つようになった。

この番組に呼ばれてくる芸能人はその当時も活躍はしていたが、それよりひと昔、ふた昔前には時代の寵児として大人気を博した人たちだった。そこでの話に、往時の華やかなりしころの思い出話がしばしば飛び出していた。私もその人たちの最盛期を知っている世代の一人であったから、共感する部分も多かったのだと思う。

話が盛り上がっているときに、ディレクターからそろそろスタジオのほうへとうながされて出て行くときには、もう少しその話を聞きたかったと思うことが度々あった。そんな昔の話で盛り上がったあとでは、出演者のトークに勢いがあったように感じられた。

ときどきは、盛んだったころの昔に立ち戻って、自分だってそう捨てたものではないと思いなおしてみるのも、萎れかかっている心の芯に力を漲らせる一つの方法ではないかと思っている。

教授回診

診療と教育の一環として有用な手段

教授回診は、臨床医としての責務を常に認識させる貴重な場であり、厳しい修行の場でもあった。

教授回診というと、山崎豊子の小説『白い巨塔』を映画やテレビドラマで見て、強引な手段で教授職を手にした財前五郎が大勢の医局員を従えて、まるで大名行列のように病室を回診するシーンを想起する人が多いのではないだろうか。だが、あのシーンは教授の示威行為として大仰に描かれていて、あの当時としても、教授回診の実像を反映したものではない。

多くの医局員、研修医、医学生を伴って各病室を回る教授回診は今でも多くの大学病院で行われているが、それは教授の権威を誇示する儀礼的なデモンストレーションなのではなく、大学付属病院での診療ならびに教育のシステムの一環として有用な手段として行われているのである。

大学付属病院では、診療科の科長である主任教授が助教授、講師、医師を統括して当該の外来診療と入院診療を運営している。大学付属病院は診療機関であると同時に教育機関でもあるので、診療が行われる場であるだけではなく、若手医師や医学生が教育を受ける場でもあり、教授回診もその主旨に従って行われている。教授回診は、大学によっては伝統的な方式が踏襲されているところもあるだろうが、最終的には教授自身が回診をどのように考えているかによって違ってくる。

私は定年までの二十年間、杏林大学医学部第二内科学講座の主任教授を務め、毎週火曜日の午後、総回診を行った。午後一時に病棟内のカンファレンスルームに助教授以下医師全員と実習で回ってきている学生が集まり、回診に備えてのミーティングが一時間ほどかけて行われた。

このミーティングは教授である私に向けての報告という形で行われた。全員が一堂に会してのこのミーティングは、単なる私への報告ではなく、医師一人ひとりに自分が直接担当している患者さんのみならず、入院している患者さん全員についての現状を把握させることも目的にしていた。

私はときどき、外来診療で陪診を担当した医師や教授室にたまたま来た医師に、回診の際に気になった患者さんの現状を訊ねることがあった。その際、自分が担当している患者さんではないのでわからないという言い訳は通らず、叱責の対象になった。このようなことが少なからずあったので、ミーティングでは皆、真剣に担当医の報告に耳を傾けていた。

まず、前週の回診以後の一週間に入院してきた患者さんについて、担当医が報告する。入院に至るまでの状況、入院時の所見、入院後の検査、入院後の経過、どのような診断のもとで、どのように治療をし、現時点でどのような病状を呈しているか、などが報告された。その報告を聞いて、私と担当医との間で質疑応答があり、治療方針が暫定的ながら決定された。数名の医師が一つのグループとなって複数の患者さんを担当することになっていて、このミーティングでの報告者は、たいていは一番若い医師だった。

だが、私の質問に的確に答えられないときには、即座に上級の医師がこれに応じなくてはならず、しばしば私から厳しい叱責の言葉が飛び出した。そうなれば、多くの医師や学生の前で大恥をかく羽目になる。そこで、そんなことにならないために、グループごとに、回診が行われる何日も前から、ときには前日に徹夜で、綿密な準備が行われていたようだ。

こうしたことが、教授回診の効用の副産物として、診断・治療の質の向上に寄与していたことは間違いなかった。新入院の患者さんの報告のあとは、重症の患者さんの病状とその後の治療方針について担当医から報告を受け、私の考えを伝えることにしていた。そして最後は退院予定者についての報告を受け、私が可否を判断した。

ミーティングが終わるとすぐに、病棟婦長（今は看護師長）に先導されての、あの大名行列と悪名高い、教授総回診がスタートした。総勢四、五十人にもなる集団が廊下を占拠して、のろのろと移動するさまは、美術館で貴重な展示物を見るために詰めかけた見学者が、列をなしてゆっくりと移動しているのに似ている。大きな病室でも全員が入ることができず、大半は廊下から診察の様子を伺うことになる。

ベッドサイドでは担当医から患者さんの病状を聞き、私からも訊ねたり、必要に応じて指示を与えたりした。そして、診察をしながら患者さんと言葉を交わした。また、適宜、患者さんの了解を得て、研修医や学生に聴診・触診・打診を実習させた。

ベッドサイドで話しにくいことは廊下に出てからにした。担当医の診療に不適切なことを見出したときも、病室の中ではなく廊下に出てからか、途中、ナースステーションに立ち寄ったときに、話をすることにしていた。

次の病室に移動する間の廊下で小休止をとって、上級医師には最近の欧米の循環器専門誌に記載された論文について話をして、それについて意見を求めたりもした。上級医師は何を質問されるかわからないので、常に主要な専門誌には目を通しておかなくてはならなかった。ときには助教授、講師にも質問の矛先を向けていたので、彼らもおちおちしていられなかったと思う。

一般病棟の回診のあとは救命救急センター内にあるＩＣＵ（集中治療室）とＣＣＵ（冠動脈疾患集中治療室）へと向かうのだが、ここへは大勢は入れないので、担当医と数名の上級医師だけを伴って回診することにしていた。

回診が終わって部屋に戻ってくると、若いときでも疲れがどっと出てきて、すぐあとに控えている医局会に備えるために、カフェインがたっぷり詰まっている緑茶を何杯も飲まなくてはならなかった。

還暦を過ぎるころからは、回診がますます辛く感じられるようになり、ときには、あまりに疲れて医局会に出る気力がなくなり、欠席することもあった。教授回診は過酷な肉体労働でもあったのである。

定年退職して十五年以上も経った今、二十年間の教授生活を振り返ってみて、あの総回診は臨床医としての教授の責務を私自身に常に認識させる貴重な場であったとあらためてそう思っている。

教授回診は私にとっても厳しい修行の場でもあったのである。

老いは道づれ世は情け

暗い道でも大勢で歩けば怖くはない

これからの老いの道を「同行大勢」で、
明るく和やかに、
そしてのんびりと歩みを進めていきたいものである。

仕事から遠ざかると、自分のまわりにあんなにもいた人たちが一人、二人といなくなり、今では、親しい人といえば、ごく身近にいる親族をのぞけば、指折り数えられるほど少なくなったと、侘しさをかこつ高齢者は私ばかりではないだろう。

老いの道は一人で歩くより道づれがいたほうがいい。それも多ければ多いほどいい。それは、暗い夜の田舎道を一人で歩くのはちょっと薄気味悪くて怖いが、大勢の仲間とわいわいがやがやと話しながら歩けば、怖くもなんともないのと似ている。

中でも、もっとも頼りになる道づれは、それは何と言っても妻（夫）と家族であろう。とくに妻（夫）には、自分のいい面も悪い面も強い面も弱い面もすべて呑み込んで、これまで連れ添ってきてくれたという信頼感と感謝の念がある。

「おまえ百までわしゃ九十九まで、共に白髪のはえるまで」という昔からの諺《ことわざ》がある。

これには夫（おまえ）が百歳、妻（わしゃ）が九十九歳まで、共に仲良く長生きしようという穏やかな願いが込められている。昔は百歳、九十九歳という長寿はまさにお伽噺《とぎばなし》の中の翁と媼《おうな》のようなものだったのだろうが、今や夫婦が手をたずさえながら百寿を目指して歩むことが現実味を帯びてきている。

子供のころ、親が亡くなったら一体どうなるのだろうかと考えると、恐ろしくて気が変になりそうだった。あのときと同じ思いを今、妻（夫）に対して抱いているのではないだろうか。不幸にして妻（夫）を亡くした人の悲しみや喪失感は、余人には推しはかることができない底深いものだと思う。その悲しみは永遠に消えないが、直後の地獄のような苦しみは少しずつ収まってくる、と語る人が多いのが救いになっている。

身近にいる家族は頼もしい老いの道づれになってくれている。もし彼らがいなかったらどれほど心細いことかと考えると感謝の気持ちでいっぱいになる。しかしその一方で、できるだけ彼らの負担にならないようにしなくてはと自戒もしている。

頼もしい老いの道づれを作るには世間とのつながり、ソーシャルネットワークを親密に保つことである。このソーシャルネットワークを形成するうえで、男性と女性とでは大きな違いがある。

男性は生来一匹狼型で、交友関係も会社や職域関係の域を出ないし、退職後や引退後はその幅も狭められていく。一方、女性は集族型の人が多く、地域社会、子供の学校、習い事、スポーツなどを介して交友関係を築きやすい。そして、その交友範囲は年齢と共に拡大していく。

男性、とくに高齢期の男性が交友関係を広げるには、女性の集族型の特性を見習って、多くの人が集まるところに出かけて行って、その人たちの仲間に入れてもらうことである。それには、習字でも、英会話でも、太極拳でも、ダンスでも、何でもいいから習いごとを始めてみるのが手っ取り早い。

もし、近くにスポーツジムがあれば一押しのお勧めである。ウィークデイの午前中は高齢者が多く集まるので、違和感を抱かないですむ。そこではランニングマシーンや筋トレ用マシーンを使うのもよし、エアロビクスやボールやゴムベルトを使うストレッチをするのもよし、自分に合った運動を選んで、上手、下手に関係なしに、好きなだけして、いつでも好きなときに帰れるという自由さがある。そこに来ている高齢者は、健康維持に明るくポジティブに向き合っていて、話し相手を気安く受け入れる余裕のある人たちである。

実際、ここで知り合った人たちが誘い合って飲みに行ったり、ゴルフに出かけたりしているのをよく耳にする。そこまでのジム友になれなくとも、軽い挨拶や短いお喋りだけでも十分心の和みになる。

犬や猫などのペットを友だち代わりに飼おうと思っている高齢者には、以下のことを助言したい。

ペットを飼うことで、寂しさが紛れ、穏やかな気持ちになり、日々の生活が明るくなることは確かである。だが、何せ相手は生き物であり、自分の体調が不良のときでも、いつもと変らない世話をしなくてはならない。ずっと先になって、自分の体が思うように動かせなくなったときのことも考えておくべきである。

また、ペットが病気になったら心配で心が休まらないし、もし死ぬことにでもなったら、悲しみと喪失感で暗澹《あんたん》とした日々を送ることになる。そのようなこともじっくりと考えたうえで、ペットを飼うかどうかを決めるべきだと思う。

老いの道づれの仲間としてぜひともお勧めしたいのが、かかりつけの医者である。それも家の近くの開業医がとくにお勧めである。

大学病院や大きな総合病院は、いくつも疾患がある高齢者にとっては、一つの病院でそれぞれの疾患についての診療科を受診できるというメリットはある。

だが、受診者が多すぎて待ち時間が長く、診察時間が短いというデメリットがある。それに担当医の変更がしばしばある。そうなると、老いの道づれにするにはいささか不安になる。そこへいくと、ずうっと継続して診てくれて、受診する日や時間に余裕があり、ちょっとした体の不都合や悩みに気軽に応じてくれる開業医が近所にいれば、心強い。

これからの老いの道を「同行大勢」で、明るく、和やかに、そして、のんびりと歩を進めていきたいものである。

あとがき

やりたいことも、やらなくてはならないこともないままに、浩然と流れ行く膨大な時間にゆったりと身をまかせるのもたまにはいいが、これが毎日の生活となると話は別で、想像しただけでも、退屈で身の置きどころがないように感じられて、そぞろ恐ろしくさえなる。このままこんな怠惰な生活を続けていると、いまにブラックホールへ吸い込まれるように、人生の終点に到着してしまうのではないかと不安になる。

小心者の私は、そんな状況から少しでも遠ざかろうと、まだ辛うじて残存している貧弱な智力と体力を総動員して、急速に加速を増してきている時の流れに懸命に抗《あらが》っているというのが現状である。

無為の日常に芯を作るために読書は有力な方策である。とくに短いエッセイを読んでいると、犬がドッグランで元気に飛び回っているように、思索を自由に駆け巡らせることができるので、いつも何冊かのエッセイを手の届くところに置いている。ちょっとした空き時間ができて、さあ、何をしようかと思うときは、大抵はまずエッセイを何篇か読むことから始めて、思考回路のウォーミングアップをする。そして、やる気が湧き起こってきたら、日常診療に関連している医書やジャーナルを読むか、それともエッセイの続きを書くかをそのときの気分で決めている。

過去をどう受け止めるか、今をどう生きるか、明日をどう迎えるか、考えることはいくらもある。そして、そのとき考えたことが散逸して消失しないように文章にしてまとめておくことが日記代わりの習慣になっている。

過去には魂の宝物にもなっているものがぎっしり詰まっているが、ほとんどが忘却の中に埋もれてすぐにはみつからないままになっている。そんな中から一つずつ、そうっと掘り出して、チリを払ってじっくりと眺めてみるのが今の私の楽しみになっている。その当時の自分と対峙して、どこに今の自分につながる要素があるのかと考えてみるのが面白い。あのときの頑張りがあったから、その次の行動につながり、そしてまたその次へ……と連想が広がり、それが今をどう生きるか、明日をどう迎えるか、へと発想が大きく展開され、網の目状につながっていくのが感じられる。

これまでにいくつもの苦境を突破する原動力になったあの、「このままでは終わらせたくない」という往生際の悪さが、老齢の身の心の片隅に今も小さく端座している。そんなとき、心がけていたことは、いつもしていることをただひたすら恬淡《てんたん》とこなすことと、ちょっと背伸びしないと手が届かないような新しいことにチャレンジすることだった。

そんな目前の問題解決には直接結びつかないことでも、しているうちに少しずつ力が甦ってきて、なんとか苦境を乗り越えて前に進むことができたことが多々あった。そんな記憶が食べきれずに冷凍保存されているご馳走のように、私の脳細胞の中に今でもほんの少しだが残っている。このささやかな記憶がたとえ予想外のことが起きたとしても、いつものようにしていれば、そのうちに何とかなるという安心につながっているのだと思う。それが今の私には救いにもなっている。

本や新聞を読んでいるときや、人と話をしたり、テレビを見たり、ラジオを聞いたりしているときに、心に響く事象や言葉に触れると、いつかそのことについてじっくり考え、エッセイとしてまとめてみたいテーマの候補として、すぐに手元の手帳に記しておき、そのあとパソコンに取り込んでおくことにしている。そして、エッセイを書く段階になっても、テーマがすぐに思い浮かんでこないときに、パソコンを開いてエッセイ候補として長年にわたって集めておいた項目に目を通すことにしている。そんなとき、今度こそは自分の出番とばかりに、高々と挙手をしているように見えるテーマから取り上げることにしている。

こうして折々に感じたことを綴った文章を、読者諸兄姉が筆者との気楽な会話に加わっていただいている気持ちで読んでいただければ望外の喜びである。

最後に、怠惰な私に寛容と忍耐をもって本書の編集にお力添えを頂いた、河出書房新社の太田美穂氏に深甚なる謝意を表したい。

平成三十年四月吉日

石川恭三

＊本書は書き下ろし作品です

石川恭三（いしかわ　きょうぞう）

一九三六年、東京生まれ。慶應義塾大学医学部大学院修了。ジョージタウン大学留学を経て、杏林大学医学部内科学主任教授。現在は名誉教授。臨床循環器病学の権威で、専門の心臓病に限らず幅広く活躍。執筆活動も盛んで、著書多数。主な著書に『心に残る患者の話』『医者の目に涙ふたたび』『医者が見つめた老いを生きるということ』『医者いらずの本』『死ぬ前の覚悟』『名医がすすめる定年からのいい生き方』『50歳からの健康歳時記』『60歳からの5つの健康習慣』『命の時間を抱いて』『医者いらずの老い方』『一読、十笑、百吸、千字、万歩――医者の流儀』『沈黙は猛毒、お喋りは百薬の長』『老い越せ、老い抜け、老い飛ばせ』など。

いい老い加減

二〇一八年六月二〇日　初版印刷
二〇一八年六月三〇日　初版発行

著　者　石川恭三
装　丁　中島かほる
発行者　小野寺優
発行所　株式会社　河出書房新社
東京都渋谷区千駄ヶ谷二-三二-二
電話　〇三-三四〇四-一二〇一（営業）
　　　〇三-三四〇四-八六一一（編集）
http://www.kawade.co.jp/

組版　KAWADE DTP WORKS
印刷・製本　株式会社暁印刷

ISBN978-4-309-02700-5　Printed in Japan

河出書房新社・石川恭三の本

命の時間を抱《いだ》いて

医者人生五十余年。患者とともに、生の喜びと死の哀しみを見つめ続けてきた命の時間。屈指の名医が渾身の力で描く感動のエッセイ。

医者いらずの老い方

医者にかからず、病気にならず、豊かに老いを迎えるには？　心と身体の上手な休め方、老化防止の秘策を名文で綴る四十五篇。

一読、十笑、百吸、千字、万歩
――医者の流儀

八十歳・現役医師が提唱する、実りある老いを生きるための最良の方法！　無理なく続けられる健康法の数々。書き下ろし三十六篇。

沈黙は猛毒、お喋りは百薬の長

笑顔の老後に向けて、今すぐできること！　お喋りと早歩きの驚くべき効用等、日常生活での健康の知恵が満載。書き下ろし三十六篇。

老い越せ、老い抜け、老い飛ばせ

今日一日、明るく生きましょうよ！　名医が教える老化防止の秘策、元気に歳を重ねるための極意、三十六篇。豊かな老いへの第一歩。